インナーマッスルに効く

体芯力《たいしんりょく》全身体操

スマホで…
一緒に…

亮司

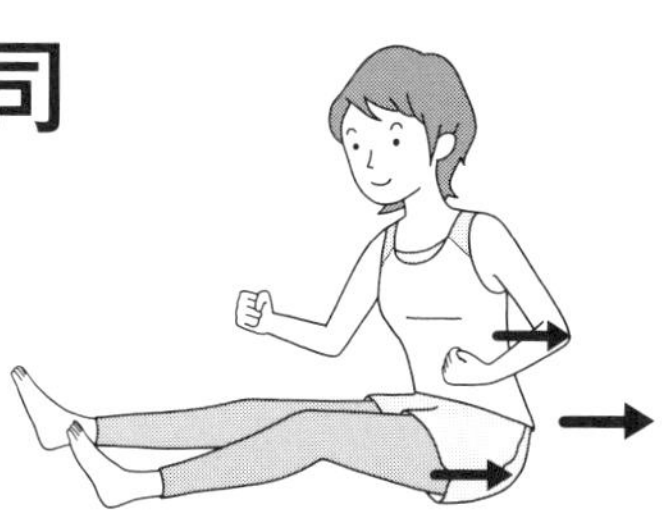

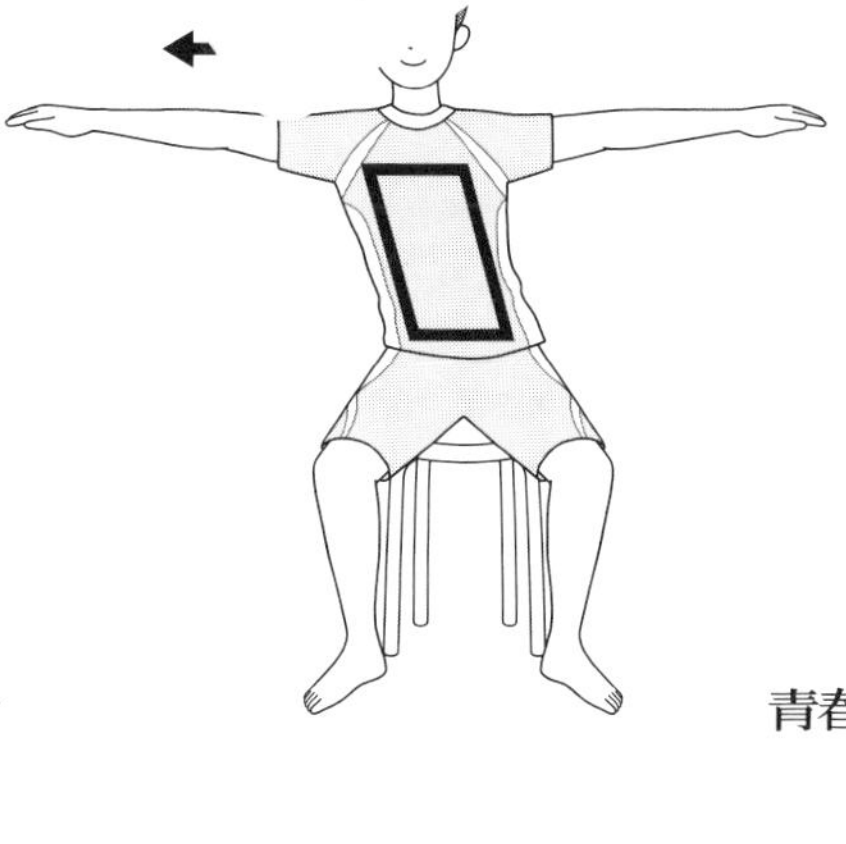

青春出版社

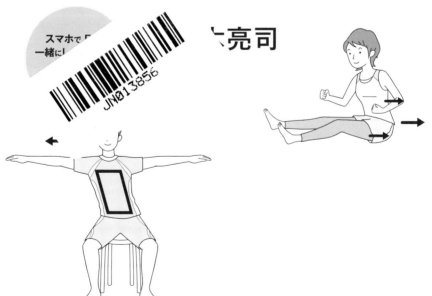

はじめに

誰しも、何もしなければ筋力は確実に衰えます。

しかも、このコロナ禍において体を動かす機会は激減。運動不足に陥っている方、以前より疲れやすくなっている方、将来の自分の健康に不安を感じはじめている方は、たくさんいらっしゃるのではないでしょうか。

そんな方にぜひ試していただきたいのが、この「体芯力《たいしんりょく》」全身体操です。

1回10分、「曲げる・伸ばす・ひねる」という簡単な動作を行うだけで、体中のインナーマッスルをバランスよく、効率的に鍛えられます。

どの動きも、畳1畳ほどのスペースがあれば、いつでもどこでも行えます。

「立って行う」「床で行う」「イスに座って行う」の3パターンがあるので、環境や体調、運動能力に応じて、やりやすいものからはじめてください。

それぞれに動画もあります。スマホやパソコンでご覧になりながら、私のコーチングに合わせて行ってみてください。

無理なく続けているうちに、全身の筋力がよみがえり、疲れにくい、元気で健康的な体になっているはずです。さあ、さっそく私と一緒にはじめましょう！

インナーマッスルに効く「体芯力」全身体操　《もくじ》

Part 1

「体芯力」全身体操で、体が力を取り戻す！

Part 2

立って行う「体芯力」全身体操

動画あり

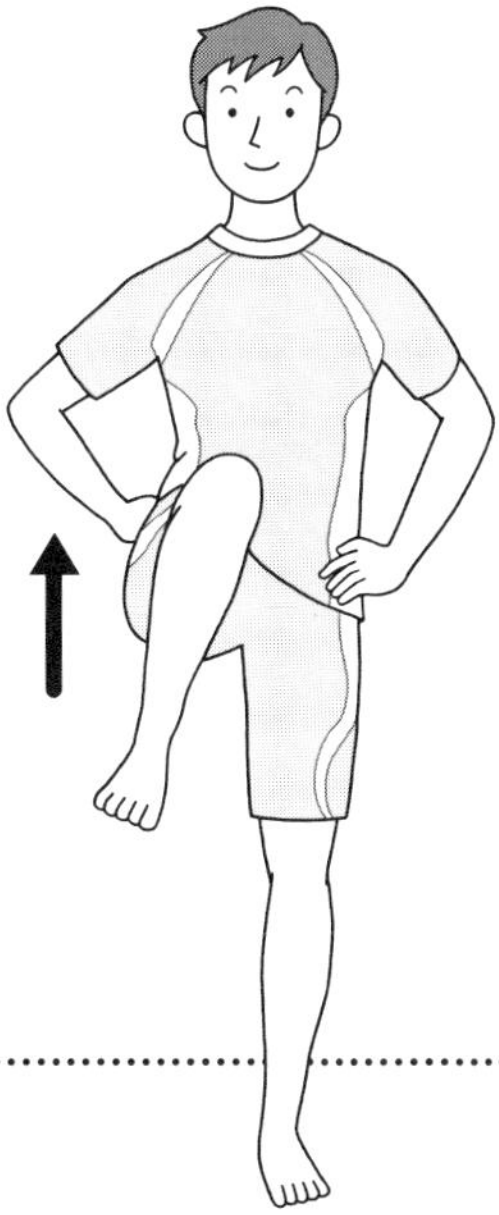

Part 3

床で行う「体芯力」全身体操

動画あり

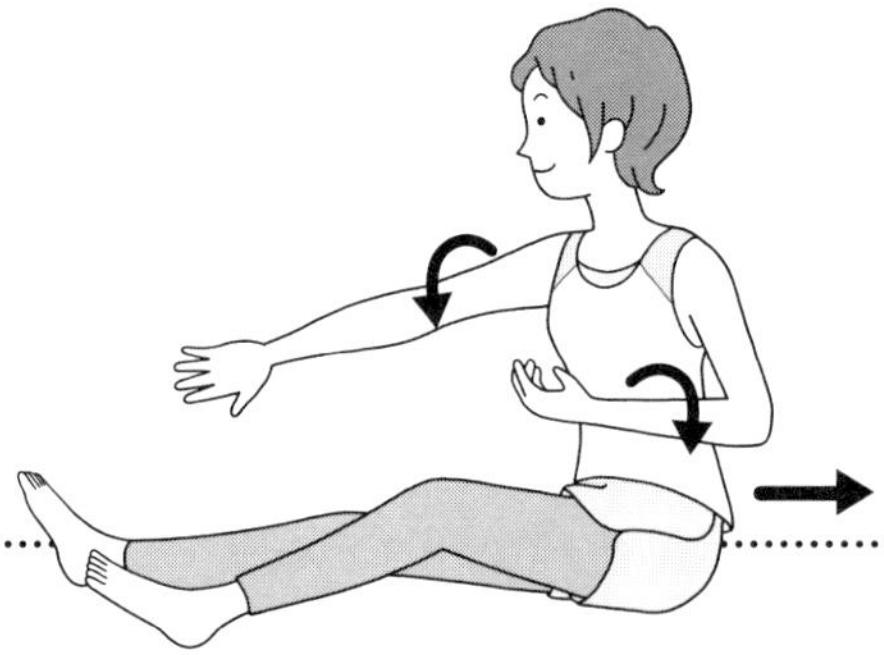

Part 4

イスに座って行う「体芯力」全身体操

動画あり

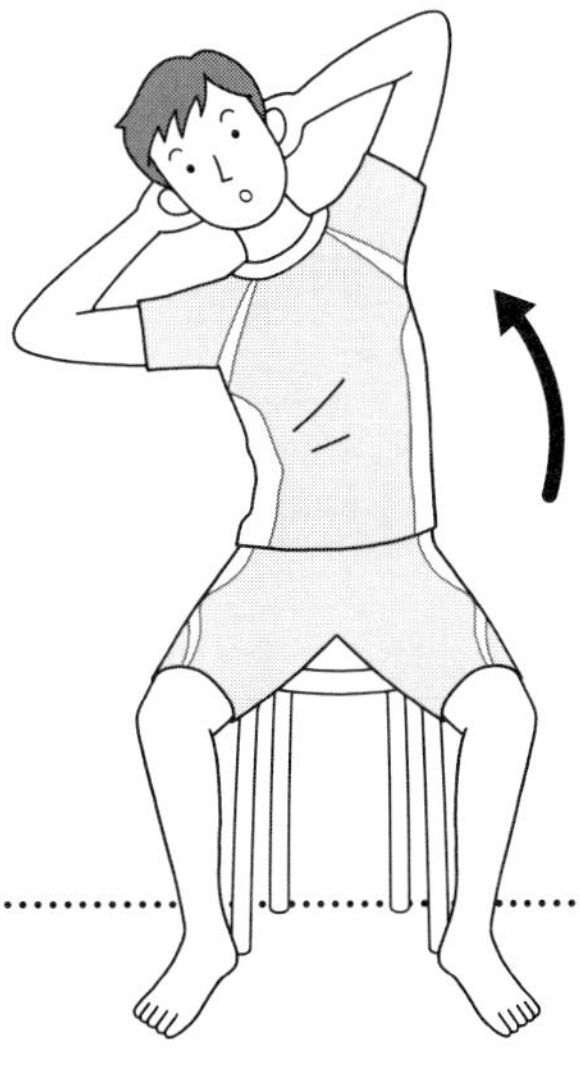

Part 5

気になる部位を重点的に行う「体芯力」体操

動画あり

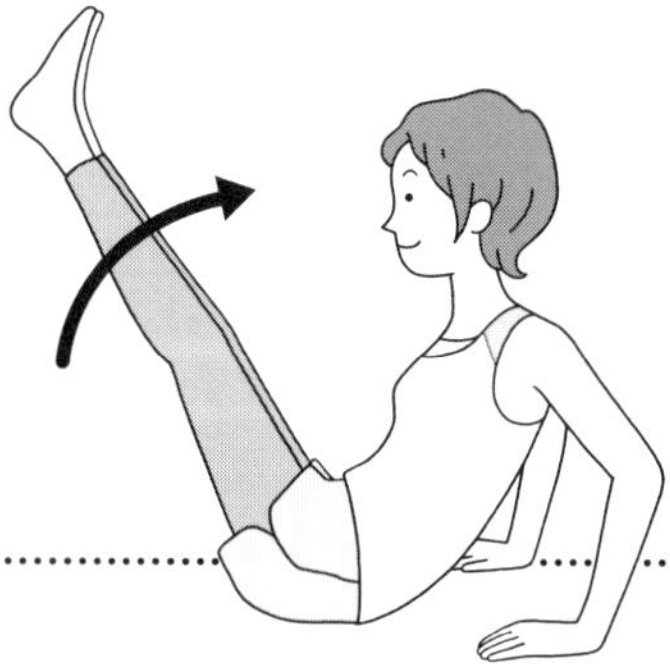

Part
1

「体芯力」全身体操で、体が力を取り戻す！

「体芯力」全身体操なら、1畳分のスペースで筋トレができる

40歳前後になると、誰しも筋力の衰えが気になりはじめるものです。

実際、普通の人は、ある程度の年齢を過ぎると、年間1パーセントずつ全身の筋肉が落ちていくといわれています。つまり、私たちの筋肉量は、何もしていないと年々着実に低下していく運命にあるのです。

特に、近年問題になっているのが、ロコモティブシンドローム、通称「ロコモ」。ご存じの方も多いと思いますが、ロコモとは、骨・関節・筋肉・神経など運動器の障害のために、立ったり座ったり、歩いたりといった移動動作が思うようにできなくなっていることを意味しています。高齢者の方がロコモになってしまうと、動かないことでますます筋力が衰え、最終的に寝たきりになってしまうケースもあります。

それでもここ数年、ロコモをはじめ、筋力低下が健康に及ぼす悪影響の大きさが知られるようになり、ジムに通って筋トレを行う人が増えていました。

ところが、昨年からのコロナの影響で、事態は一変。

皆さん、思うようにジムに通えなくなり、それどころかリモートワークで通勤の機会は減り、外出も減って、多くの人が運動不足に陥ってしまったのです。

これは、私たちにとって〝筋肉の危機〟といっても過言ではありません。筋肉が落ちてくると、単に筋力が落ちるだけでなく、後にふれるように、さまざまな健康的弊害が私たちの体を襲ってくることになりかねません。

そこで、このコロナ禍の中、一人でも多くの方に試してほしいのが、今回の「体芯力」全身体操です。この体操は、畳1畳ほどのスペースがあれば、誰もが家の中で、いつでも簡単に行え、体芯の筋肉をはじめ、全身の筋肉をしっかり、バランスよく鍛えることができます。

ジムに通う必要も、特別な器具を購入する必要もありません。普通に歩ける人であれば、誰でも簡単にできる動作ばかりなので、無理なく気軽に続けることができます。

自宅で続けていれば、やがてふと気づいたときには、筋力がよみがえり、以前よりも力強い体になっているはずです。

「体芯力」とは、体の軸となるインナーマッスルの力

この体操のタイトルでもある「体芯力」とは、私が考えた言葉です。

「体芯」とは、文字通り、体の芯のこと。「体芯力」全身体操とは、〝体の芯から力を出すようにするための体操〟を意味しています。体の芯から力を出すことで、無駄な力が抜けて体がラクに動かせるようになる上、体の芯の筋肉を自然と鍛えることができます。

体の芯の筋肉とは、本書では、大腰筋《だいようきん》をはじめとした、体中のインナーマッスルのことを指しています。体の表面にある筋肉をアウターマッスル、その内側にある筋肉をインナーマッスルということは、皆さんもご存じでしょう。「体芯力」全身体操では、大腰筋と一緒に、全身の主なインナーマッスルをバランスよく鍛えていきます。

ここで、大腰筋について少し解説しておきましょう。

大腰筋は、胴体のインナーマッスルの中でも、もっとも重要な筋肉のひとつです。

みぞおちの裏側あたりの背骨から、股関節につながっていて、牛や豚でいえば、ヒレ肉の部分にあたります。人間の上半身と下半身をつないでいる唯一の筋肉であり、まさに、全身の筋肉の要となっている、大事な筋肉です。

私たちは、立ったり、座ったり、歩いたり、走ったりするとき、大腰筋も必ず使っています。歩行をはじめ、私たちの動作は、大腰筋のはたらきによってスムーズに行うことができるのです。

しかし、年齢を重ねていくと、人は体を動かす機会が減り、大腰筋が知らず知らずのうちに衰えていきます。そして、全身の筋肉の要である大腰筋の衰えは、体の動きに大きな影響を与え、全身の筋力低下を招くのです。

インナーマッスルは大腰筋以外にも、腕や足など、全身にあります。どれも大切ですが、中でもお腹まわりの腹横筋《ふくおうきん》や腹斜筋《ふくしゃきん》、背中の広背筋《こうはいきん》、お尻の大臀筋《だいでんきん》や中臀筋《ちゅうでんきん》、肩甲骨まわりの数々のインナーマッスルなどは、体の動きや姿勢、健康維持、全身の筋肉に大きな影響を与える重要な筋肉です。

「体芯力」全身体操で、大腰筋をはじめとしたこれらの重要なインナーマッスルを、バランスよく鍛え、体を芯から元気にしていきましょう。

従来の〝ツラい筋トレ〟では、なかなか筋力はつかない

日頃の運動不足が気になっていても、このコロナ禍において、実際に筋トレをはじめる決心がつく人は、そう多くはないのではないでしょうか。従来の筋トレといえば、キツくてツラい上に、なかなか効果が出てこないため、やる気が起きないのも当然だと思います。

従来の筋トレは、なぜツラいのになかなか筋力がつかないのでしょうか。

それは、ボディビルディングのように体の表面の筋肉＝アウターマッスルを鍛えるものや、人間の骨格理論から考えて無理がある動きのもの、無駄が多いものが、少なくないからです。

ボディビルディングで重要なのは、第一に〝見た目〟です。見るからに筋肉隆々の体を作ることを最大の目的としています。

そして基本的に、「この動きは、腕のこの部分の筋肉に効く」など、体の部分部分

のアウターマッスルを、それぞれ鍛える動きになっています。

たとえば、ダンベルを使って筋肉に力を入れるトレーニングを続けていると、確かに一部の筋肉は発達してきますが、それは硬い、カチカチの筋肉になります。

一般の人が、体の一部分にカチカチの筋肉をつけてしまうと、体のバランスが崩れ、かえって全身の動きが悪くなりかねません。動きが悪くなれば、歩いたり走ったりするときも十分に体が動かなくなり、筋力も体力も思うようにつかなくなります。

また、二の腕の下側の筋肉を鍛えようとしてダンベルを使う方がいますが、これは腕の上側の筋肉には効きますが、下側の筋肉にはほとんど効きません。下側の筋肉は、肩甲骨まわりを動かさないとしっかり伸びてこないからです。

では、スクワットはどうでしょう。一般的なやり方としては、ひざから下を肩幅に開き、つま先を前に向け、その状態を保ったままで腰を上下する、と言われています。

しかし、人間の股関節は、骨格上、しゃがむと外側に開く（外旋する）ようになっています。それを無理に肩幅以上に開かないように固定して行えば、無理な力が関節や骨にかかって、足腰がツラく感じるのは当然です。

これは、筋肉を鍛えているツラさではなく、単に不自然な姿勢をとり続けることで感じるツラさです。こういうスクワットをやっていても、ツラさの割には、なかなか筋肉はつきません。

よく行われているヒップアップ体操も、キツい割にはあまり意味のない体操です。「お尻の筋肉を引き締めるために、床に四つんばいになって、足を片方ずつ後ろに振り上げましょう」と、よく言われますが、これではももの裏側の筋肉が縮んでいるだけで、お尻の筋肉にはほとんど効きません。

お尻の筋肉を伸ばして鍛えるためには、その筋肉がついている股関節を前に深く屈曲させることが重要です。足を後ろに振り上げても、股関節は前には曲がりません。

要するに、従来の一般的な筋トレは、効率が非常に悪いものが多いといえるでしょう。だからツラい割には、効果がなかなか出ないのです。

「曲げる」「伸ばす」「ひねる」だけで筋力がつく！

「体芯力」全身体操と、従来の筋トレとの最大の違いは、キツくもツラくもないことです。この体操の基本動作は、体をできる範囲で「曲げる」「伸ばす」「ひねる」だけ。たったこれだけのことを無理なく続けていれば、やがて自然と全身の筋力がつき、体力もついてくるのです。

そのメカニズムを、簡単に説明しておきましょう。

大腰筋をはじめ、体の深い部分に存在しているインナーマッスルの多くは、その筋肉だけを意識したり、動かしたりすることはできません。しかし、体の動かし方次第で、他のアウターマッスルなどと一緒に動かし、鍛えることは可能です。

筋肉は基本的に、使うことで鍛えられます。これは、筋肉の繊維の数が増えるわけではなく、運動をすることで一度傷ついた筋肉がたんぱく質によって修復され、以前よりも太く、強い繊維になるのです。

もうひとつわかっているのが、筋肉は縮んでいるときより、少し伸びているときのほうが鍛えられやすいということ。筋肉をつけるためには、その筋肉を伸ばすように動かすことが重要で、そのためには、筋肉がついている関節を動かす必要があります。

「体芯力」全身体操では、体を曲げたり伸ばしたり、ひねったりすることで、さまざまな関節を動かし、そこについているインナーマッスルを曲げ伸ばしすることで、全身の筋肉を鍛えていきます。

また、「体芯力」全身体操は、ひねる動きを重視しています。体幹でも腕でも足でも、どこかにひねりを加えて動かすと、単純に曲げ伸ばしするよりも、かなり広範囲の筋肉が連動して動きます。ひねる動きは「運動連鎖」を引き起こしやすい動きなので、体の表面の筋肉だけでなく、奥深くにあるインナーマッスルも十分に動かし、全身の筋肉にはたらきかけることができるのです。

しかも、どれも簡単で無理のない動きなので、普通に歩ける方なら誰でもすぐにできます。筋肉を動かして鍛える体操なので、ダンベルを使ったトレーニングのように力がいるわけでもありません。ヨガの難しいポーズのように体が硬いとできないということもありません。

しかも、無理のない動きなので、最初は緊張していても、自然と体の力が抜けてくるはずです。

人間は一般的に、中高年になると体に余計な力が入って緊張していることが多くなります。たとえば肩や背中です。ずっと緊張しっぱなしで力が抜けなくなり、ガチガチに凝り固まってしまうのです。当然関節の動きも悪くなり、どんどん体の動きが悪くなって、筋力・体力は衰える一方です。

筋肉に余計な力が入っている状態は、いわば筋肉にブレーキがかかっているのと同じです。そのままではいくらトレーニングをしても筋肉が思うように動かず、なかなか筋力はつきません。

「体芯力」全身体操を続けることで、体芯力がつくと、それ以外の余分な力が抜けるようになってくるはずです。そして、筋肉を以前より効率よく、ラクに使えるようになり、体の動きはどんどんよくなります

その上で体操を続けていくと、全身のインナーマッスルが鍛えられ、筋肉量は自然と増えていくでしょう。

筋力が低下すると、健康への弊害はこんなにある

そもそも、なぜ、歳をとると筋力が低下してしまうのでしょうか。

一般的には、年齢が上がるほど、活動量が減り、動かなくなることで筋肉が衰えていきます。

多くの子どもは、毎日いろいろな遊びをしながら、全身を使って元気に動き回っているので、体中の筋肉が自然に鍛えられています。

しかし、大人になると、特別なトレーニングやスポーツをやっていない限り、毎日決まった動作しかしなくなり、活動量が減って、筋肉量も減っていきます。

特に現代社会は、車で移動したり、エスカレーターやエレベーターを利用することも多いため、体を動かす機会はどんどん減っています。

さらに、こうした状況が続くと、脳は必要最低限の筋肉しか使わないようにシフトチェンジをはじめます。

たとえば、まったく同じ動作でも、仮にもともと10か所の筋肉を使って行っていたのが、いつも8か所の筋肉だけでできるようになってくると、脳はそのほうが効率的だと考え、残りの2か所の筋肉を使わずに、その動作を行うようになっていきます。ですから、どうしても大人になればなるほど、使っている筋肉は減っていき、筋肉量も筋力も減少してしまうのです。

逆にいえば、もともと10の筋肉で行っていたことを8の筋肉だけで行い続けるということは、8つの筋肉に余計な負荷がかかり、その筋肉はもちろん、周辺の筋肉や関節にもダメージを与えることになります。これが、年齢を重ねていくと、ひざや腰に問題を抱える人が増える理由のひとつです。

また、どこかの筋肉が衰えていくと、全身のバランスが崩れ、姿勢が悪くなります。すると、崩れた姿勢を保つために人間はさらにラクな姿勢をとろうとして、腰が曲がってきたり、猫背になったり、首が前に出たりと、どんどん姿勢が崩れ、使われる筋肉はますます限られていくことになります。

結果的に筋肉量が減ることで基礎代謝は落ち、太りやすくもなっていきます。

このように、単純に年齢を重ねるだけでも、活動量・筋肉量は減るわけですが、さらに、このコロナ禍です。ほとんどの人の活動量・筋肉量は、大幅に減っているはずです。

人間も動物ですから、本来動くことを目的に体が作られています。にもかかわらず、毎日のようにほとんど家から出ない生活を送っていれば、筋肉量が減るのはもちろん、体調が悪くなるのは必然です。

まず、血行は確実に悪くなります。体中の細胞に酸素や栄養分を届けているのは血液なので、血行が悪くなれば、内臓や脳をはじめ、全身の健康状態に悪影響が及び、免疫力も低下してしまいます。

加えて、筋力の衰えが進むと、腹式呼吸の際に使われるインナーユニットの動きも悪くなります。インナーユニットとは、お腹の内臓の上にある横隔膜、お腹の下で内臓を支えている骨盤底筋、お腹の側面にある腹横筋、お腹の裏側で背骨に沿ってある多裂筋《たれつきん》のことで、体幹を支えるインナーマッスルです。インナーユニットの動きが悪くなれば、呼吸が浅くなり、自律神経が乱れ、眠りも浅くなり、疲れやすくなるなど、その弊害を挙げればきりがないほど。やはり、できるだけ筋肉を若く保つことこそが、健康の秘訣なのです。

筋肉は、全身バランスよく鍛えることが大切

従来のトレーニングの多くは、どこか1か所を重点的に鍛えるものです。

たとえば、二の腕の筋肉を鍛えるダンベル運動の場合、腕の曲げ伸ばしによって発達するのは、いわゆる上腕二頭筋です。その他の筋肉にはあまり効果はありません。ジムにあるトレーニングマシーンも、〝この動きはここに効く〟というイラストや解説が貼ってあるのを見たことがあるのではないでしょうか。

しかしこれらの方法を使って全身の筋肉をバランスよく鍛えるには、プロの指導のもと、かなりの根気が必要です。一般的に、健康的な体を目指している人には、まず無理だと思います。

しかも、そうした筋トレを自己流で続けていると、一部分だけに筋肉がついてしまい、体のバランスが崩れて、かえって体の動きは悪くなります。従来の筋トレはアウターマッスルを鍛えるものが多いので、表面の筋肉がカチカチになり、その奥にある

インナーマッスルはますます動きにくくなってしまうのです。

「ひざが痛いので、ひざの筋肉をつける筋トレをずっとしているのですが、かえって痛みが増しています」という人が結構いるのですが、それは、こうした理由が関係しているケースが多いのです。

そもそも、人間の体の筋肉は、バランスよく鍛えなければ、かえって体によくありません。

「テンセグリティ」という言葉があります。これは、アメリカの著名な建築家が提唱した概念で、張力（テンション）と統合（インテグリティ）が組み合わさった造語です。簡単にいうと、張力によって構造が保たれている、東京ドームのような状態を意味しています。

ドーム建築は、中心に柱がないのに、大きな屋根部分がしっかりと支えられています。これは、全体がバランスのとれた張力によって保たれている、テンセグリティ構造です。

実は、私たちの体も、テンセグリティ構造だといわれています。

少し前に、「筋膜リリース」という言葉が流行りましたが、私たちの筋肉は、全体が全身タイツのような筋膜でおおわれていて、バランスのとれた張力によって保たれていると考えられます。

テンセグリティ構造はバランスが命ですから、私たちの筋膜も、一部分に強い力がかかったり、弱ったりすると、途端に不健康な状態に陥ります。たとえば、強い負荷がかかり続けている筋肉周辺の筋膜がヨレたり、シワになったりして、痛みなどの原因になるのです。

筋膜リリースとは、筋肉と筋膜をほぐし、こうしたヨレやシワを元に戻すことを意味しています。

つまり、私たちの体には、常に全身のバランスをとろうとする力がはたらいているので、一部分の筋肉だけ鍛えても、それは健康的な状態とはいえないのです。

第一、運動をするなら、できるだけ全身的な運動のほうが、効率的です。一部分ずつ鍛えていくよりも、ずっとラクに、健康的に、そしてバランスよく、筋肉をつけられます。

ラジオ体操のように行う、3パターンの「体芯力」全身体操

「体芯力」全身体操は、大腰筋をはじめとした全身のインナーマッスルにはたらきかけることで、全身の筋肉をバランスよく鍛え、健康的な体を取り戻す体操です。

一番の特徴は、ラジオ体操のように一連の流れで、全身を鍛えられること。立って行う・床で行う・座って行うの3パターンがあり、それぞれ、上半身を鍛える体操・下半身を鍛える体操・全身を鍛える体操の3種類で構成しています。「体芯力」＝「体を芯から使えるようになる力」を養う体操なので、大腰筋にはたらきかけるトレーニングをやや多めに入れてありますが、重複はありません。

各パターンの体操は6～9個なので、どれか1パターンを、流れでひと通り行ってみてください。一連の流れで行うことで、上半身と下半身をつなぐ大腰筋、お腹の腹横筋、背中の広背筋をはじめ、肩甲骨まわりやお尻のインナーマッスルがまんべんなく動き、そこにつながる多数のさまざまな筋肉も同時に鍛えることができます。

また、ひとつひとつの体操も、体の奥深くにあるインナーマッスルにはたらきかける動きであり、ひねりを加えているものも多いので、どれもかなり広範囲の筋肉が動きます。実際にやってみると、すぐに実感してもらえると思います。

ですから、「今日は少しだけにしよう」という日は、ひと通りではなく、１つ、２つの体操に絞って行ってもいいでしょう。それでも、一般的な筋トレよりは、多くの筋肉を使うトレーニングになります。

実際の動きは、「動画」にもアップしてありますので、ぜひ私と一緒にやってみましょう。

ポイントとしては、余分な力を抜いて、筋肉を意識しすぎないようにすること。筋肉を意識しすぎると、かえって体が緊張して、動きが崩壊してしまいます。

なお、最近になって、キツくなっても続けている筋トレには効果がないということがわかってきました。「キツくなってきた」と感じたところですぐにやめるのが、もっとも効果的です。「体芯力」全身体操は、無理なく動けるものばかりですが、無理のない範囲で、気持ちよく、楽しく行いましょう。

「体芯力」全身体操で、筋肉の無駄な力が抜け、疲れない体に

40歳前後になって筋力が衰えはじめると、「自分はこの先、いつまで自分の足で歩けるだろうか」と不安に感じる人は多いようです。確かに、筋力が衰えてくると、何もないところでつまずいたり、転んでしまうことが増えはじめます。高齢者の場合、それをきっかけに寝たきりになってしまうこともあります。

人が転倒しやすくなる理由にはいくつかありますが、まずは、体芯の要である、大腰筋の衰えです。大腰筋が衰えると体芯のバランスが悪くなり、ただ立っているだけでも安定感がなくなってきます。

すると、ちょっとしたことでもふらつきやすくなりますし、なんとかバランスをとろうとあちこちの筋肉が不自然に緊張したままになるため、どんどんエネルギーを消費して、疲れやすくなります。歳をとってくると、ちょっと歩いただけで疲れたり、ただ立っているだけで疲れたりするのは、「体芯力」の衰えに一因があるわけです。

また、高齢者の転倒の原因の多くは、単に足腰が弱くなっているからというより、体中が無駄な力でガチガチに固まっていることで、とっさの動作ができないことだといわれています。

「体芯力」全身体操で大腰筋が鍛えられると、体を体幹で支えられるようになるので、それ以外の筋肉の無駄な力が抜け、体の動きが全体的によくなります。

もちろん、足腰の筋力低下も、転倒と関係しています。動かなくなることで筋力が落ちてくると、素早い動作などができなくなってくるのです。若い頃はちょっとつまずいてもすぐに体が反応して転ばずにすんだのに、反応が追いつかず、転んでしまうわけです。

大人になると、日常生活で素早い動作をする必要はほぼなくなってしまうため、素早い動作をするための筋肉はどうしても衰えてしまいます。

その点、「体芯力」全身体操は、スローな動きでじっくり筋肉にはたらきかける動作と、素早い動作の両方で構成されているので、繰り返し行っていれば、転倒しにくい体づくりに必ず役立ちます。

将来の寝たきりを予防する、しっかり「歩く力」がつく

私はジムでトレーナーをしていますが、60歳くらいの方々から、「将来、寝たきりにならないように今からトレーニングしておきたい」という相談をよく受けます。

寝たきりになる原因は、脳卒中などの病気が多いですが、年齢による筋力の衰え、転倒によるけが、関節などの疾患が原因になっているケースも相当数に上ります。

ですから、日頃からトレーニングで筋力を保ち、大腰筋と足腰の筋肉を鍛え、自分の足で歩く力を維持しておくことは、やはり寝たきりの予防になります。

大腰筋は、人間の上半身と下半身をつないでいる唯一の筋肉であり、足と腰を動かすときに深くかかわっています。足の骨は、言うまでもなく、股関節から下につながっていますが、その股関節を動かしているのは、足の筋肉ではなく、背骨と股関節をつないでいる大腰筋です。大腰筋は、まさに歩くときのエンジンといえるでしょう。

体芯力があって、上手に体を使って歩けている人は、足を前へ出すときに、みぞお

ちあたりに力が入っていることを感じ取れるはずです。これは、大腰筋がしっかり動いている証拠。あとは自然と足が前へ振られるように出てくるので、余計な力を使う必要がなく、効率的に体が動くため、長い間、ラクに歩き続けることができます。

実際、大腰筋が細いと寝たきりになりやすくなるというデータもあります。

また、大腰筋の動きは背骨の動きと連動しているので、「体芯力」全身体操は、背骨を柔軟にしたり、背骨まわりのインナーマッスルを鍛えるのにも役立ちます。

大腰筋や背骨まわりの筋力が落ちてくると、人は動かなくなり、さらに全身の筋力が落ちるという、負のスパイラルに陥ります。それがやがてはロコモティブシンドロームや寝たきりへとつながっていくのです。

反対に、50代、60代、70代以上になってもしっかり歩き続けていれば、大腰筋はもちろん、足の筋肉も自然と鍛えられます。

ウォーキングのさまざまな健康効果は、改めて強調するまでもないと思いますが、結果的に脳卒中や心臓血管系の病気の予防にもなります。そうした意味でも、「体芯力」全身体操で歩く力をつけることは、寝たきり予防になるといえるでしょう。

筋力と同時に柔軟性も高まり、肩こり、腰痛、ひざ痛を改善・予防する

筋力低下が引き起こす、もうひとつの大きな問題として、柔軟性の低下が挙げられます。

柔軟性が高いというのは、体のさまざまな関節がよく動く、ということです。もう少し専門的に言えば、〝関節可動域が広い〟となります。

反対に、関節の動きが悪くなっている状態を専門的に言うと、〝関節可動域制限が起きている〟となります。これがつまり、体が硬い、ということです。

体が硬くなれば、動きは悪くなりますし、転倒やけがのリスクは上がります。

また、柔軟性が低下すると、肩こり、腰痛、ひざ痛などが起こりやすくなります。

関節可動域に大きな影響を与えているのは、各関節につながっている筋肉です。

筋肉は、しっかり使っているうちは衰えませんが、使わなくなると途端に凝り固まって、伸び縮みしなくなります。こうなると、その部分の筋力は衰え、つながってい

る関節の動きが悪くなり、やがては筋肉量も低下していきます。

この、筋肉が凝り固まった状態の代表が、肩こりです。肩甲骨まわりをはじめとした、首肩周辺の筋肉がよく動く人は、肩こりにはなりません。

そして、関節は、骨と骨がうまくはまっているだけでなく、その周辺の筋肉の力によって正しい位置関係に保たれているため、筋肉が弱ってしまうと、筋肉以外の機関によって関節が保持されることになります。こうなると、関節の間にある軟骨やじん帯などに余計な負担がかかって、ますます動きが悪くなります。

特に、腰やひざの関節などは、常に体の重みを支えているため、動かないことで筋肉の衰えが進むと、関節に負担がかかり、やがて痛みが出るようになるでしょう。

痛みが出れば、ますます動かなくなり、さらに関節の状態が悪くなる、という悪循環に陥りかねません。

ですから私たちの体を健康に保ち、筋肉を若々しく保つためには、できるだけ関節の動きをよくしておくことが大切です。「体芯力」全身体操でバランスよく全身を動かしておけば、股関節をはじめ、体中のさまざまな関節がしっかり動くので、筋力と柔軟性を保ち続けることができるのです。

深い呼吸ができるようになり、自律神経が整う

「体芯力」全身体操のもうひとつの特徴は、呼吸をするトレーニングがたくさん入っていることです。

年齢とともに、胸骨と肋骨周辺の筋肉は確実に落ち、何もしなければほとんどの人が猫背に近づいていきます。また、呼吸をするときに動いているインナーユニット（お腹の内臓の上にある横隔膜、お腹の下で内臓を支えている骨盤底筋、お腹の側面にある腹横筋、お腹の裏側で背骨に沿ってある多裂筋）も、意識して鍛えなければ、確実に衰えていきます。

筋力が落ちて呼吸が浅くなれば、自律神経が乱れます。

よく知られているように、自律神経には交感神経と副交感神経があり、昼間活動しているときは交感神経が、夜間など休んでいるときは副交感神経が優位になり、体の各機能を司っています。交感神経が優位になれば、体は緊張状態になり、副交感神経

が優位になれば、体はリラックス状態になります。

本来であれば、夜になると副交感神経が優位になり、脳と体がリラックスモードに入ることで、自然と眠りに入ります。しかし、自律神経が乱れていると、夜になっても交感神経が優位なままで、眠りのリズムが乱れ、眠れない、熟睡できないといった、睡眠障害が表れます。よく眠れない日々が続くと、メンタルの状態は確実に悪くなってしまいます。

反対に、自律神経が整い、必要に応じて副交感神経が優位になれば、副交感神経の支配下にある内臓のはたらきがよくなり、血流もよくなります。血流がよくなれば、全身の細胞が活性化され、体は芯から元気になり、免疫力もアップします。

「体芯力」全身体操では、インナーマッスルのひとつである、大腰筋をしっかり動かす動きがふんだんに組み込んであります。大腰筋は、横隔膜と近い部分から伸びているので、大腰筋がしっかり動くと横隔膜も連動して、よく動くようになります。

大腰筋や横隔膜に直接はたらきかける体操のほか、体芯をねじることでわざと呼吸に負荷をかけ、呼吸の力をつける体操も入っているので、ぜひ、ゆっくりと深い呼吸を意識しながら、行ってみてください。

血流、血管、骨、脳にも健康効果を発揮する

「体芯力」全身体操で得られる健康効果は、筋力低下を防ぎ、体の動きをよくする以外にも、たくさんあります。最後に、紙面が許す範囲で挙げていきましょう。

まず、全身の筋肉が動かされ、柔軟性も高まることで、血流がよくなります。当然、心臓への負担が減り、血圧低下につながります。

新陳代謝がよくなり、コレステロール、脂質、血糖値などが低下する人も出てくるでしょう。血液検査の結果が気になりはじめる40代、50代の方には、ぜひ試していただきたいと思います。

こうした効果は、ほかの運動でも得られますが、「体芯力」全身体操は、一般的なトレーニングよりもラクなので、無理なく続けているうちに、ジムに通っているような効果が得られるはずです。

体重移動する動きも入れてあるので、骨にしっかり刺激が入り、骨を強くする効果

も期待できます。リズミカルに行うことでインパクトが強くなり、いっそう効果は高まります。

血管を柔らかく保つ効果も期待できるので、動脈硬化の進行を遅らせ、日本人の死因の2位である血管系の疾患の予防にも役立ちます。体の柔軟性が高まり、血管のまわりを走る筋肉が十分に動くようになることで、血管がしなやかになり、血流もよくなると考えられます。

また、近年の研究で、筋肉を使うことで、脳の細胞が増えることが明らかになりました。以前は、脳の細胞は減る一方で増えることがないといわれていましたが、脳細胞を増やし、脳のはたらきを活性化させるためにも、運動は有効だったわけです。

さらに、「体芯力」全身体操には、頭を動かす動作も入っているので、三半規管が鍛えられ、空間認知能力も上がり、体の使い方がうまくなります。

さまざまな筋肉を動かすことで、運動機能を司っている小脳や、運動神経系統のはたらきもよくなります。

楽々とインナーマッスルが鍛えられる上に、これだけの健康効果が期待できる「体芯力」全身体操。毎日の習慣にして、本来の体の力を取り戻してください！

「体芯力」全身体操で鍛えられる主な筋肉

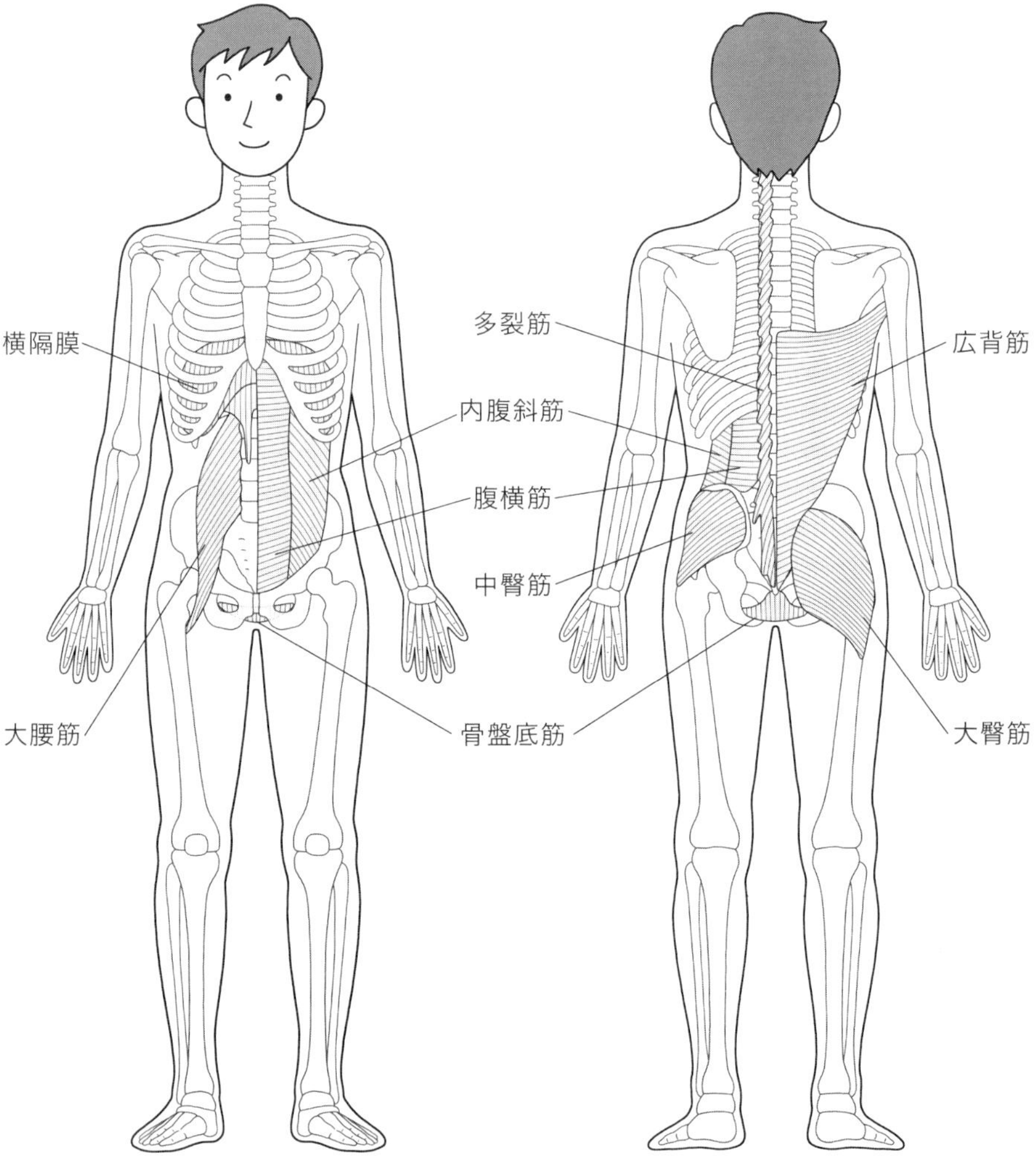

Part

2

立って行う「体芯力」全身体操

\ 鈴木亮司のレッスン動画 /

下記のURLにアクセスするか、QRコードを読み取ってください。
一緒に［立って行う「体芯力」全身体操］をしましょう！

動画 URL
https://youtu.be/1V9IVFPDTz8

立って行う「体芯力」全身体操のプログラム

01
片手ばんざい体操

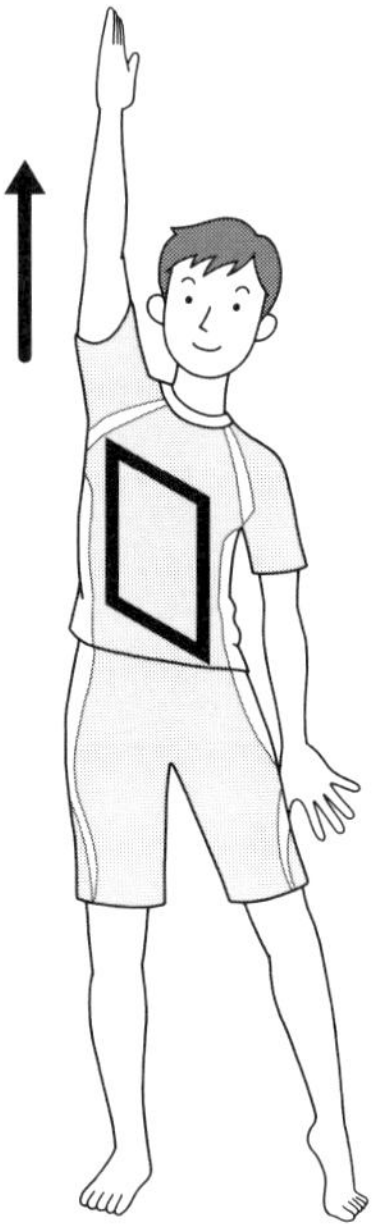

04
四股体操（その1）

05
四股体操（その2）

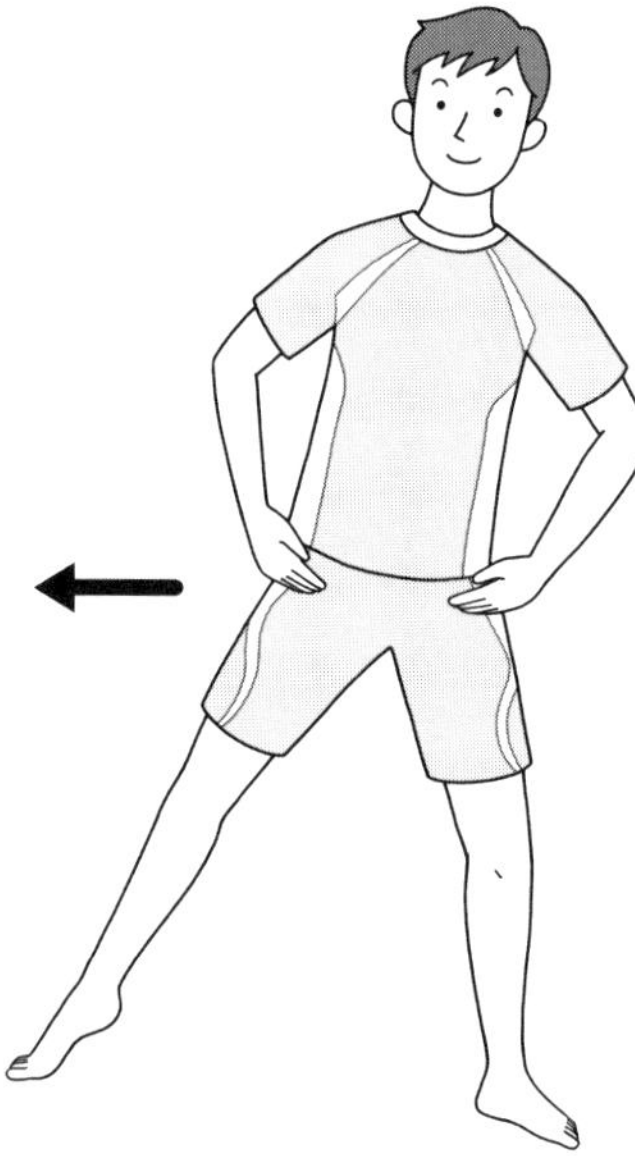

02
八の字体操

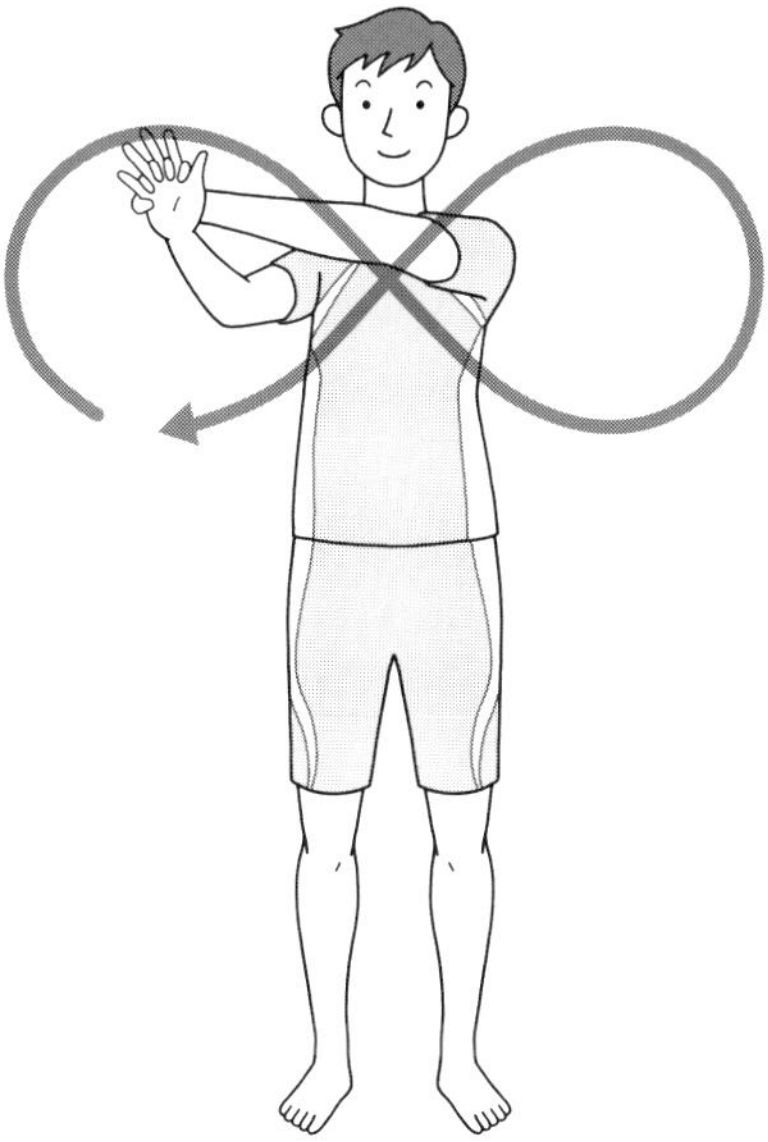

03
腕カーテン体操

06
もも上げ体操

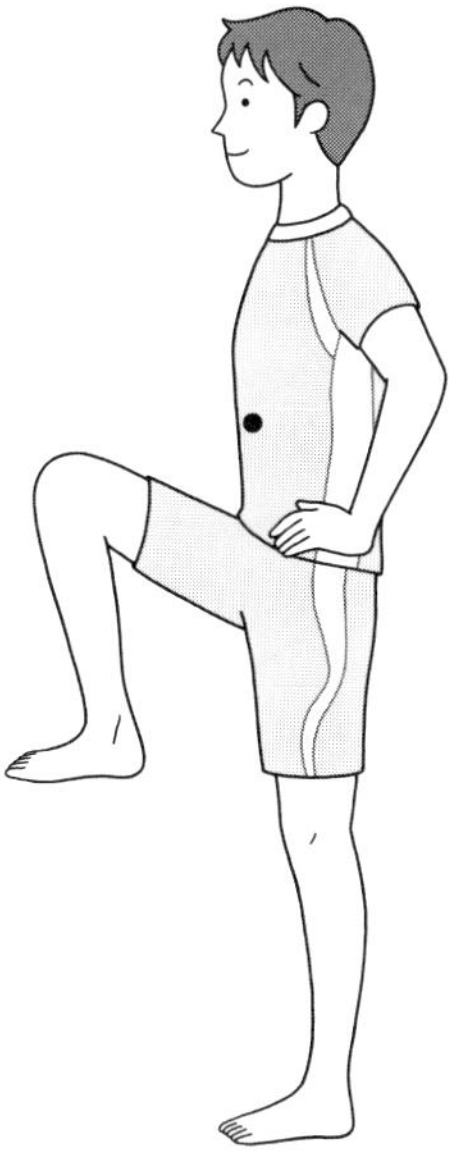

07
ウォーキング体操

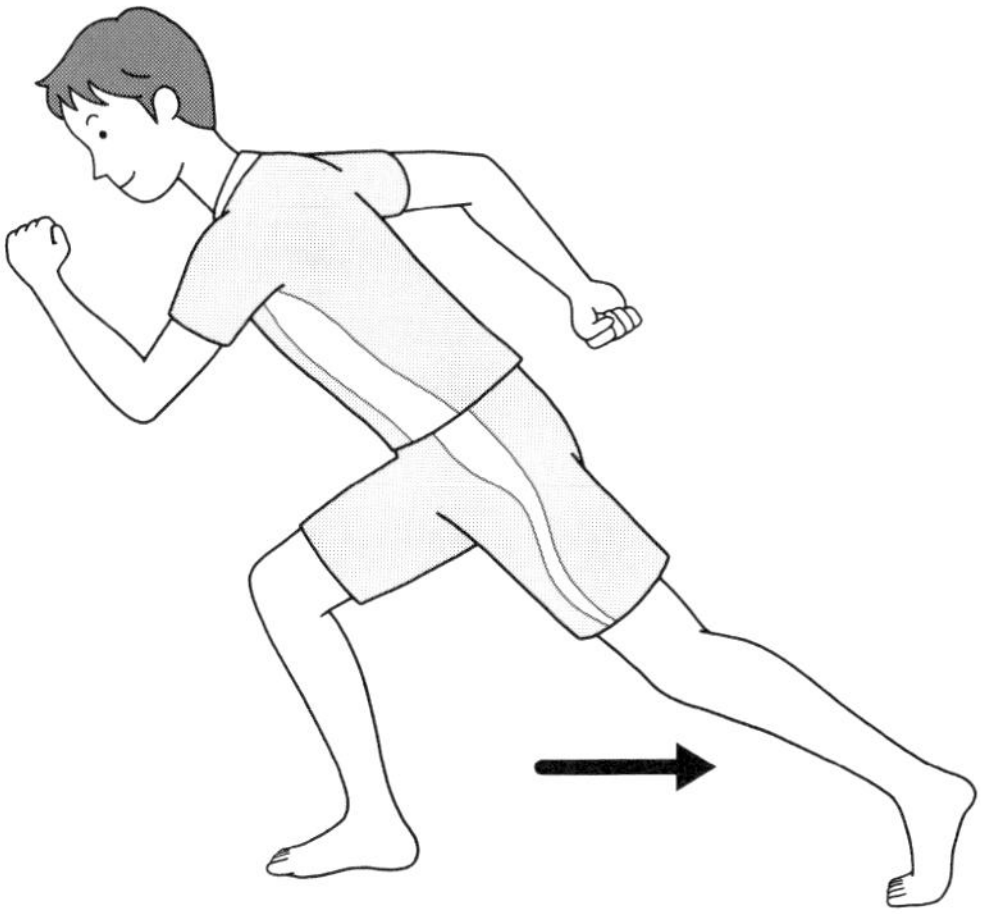

01

片手ばんざい体操

広背筋の筋トレ

①

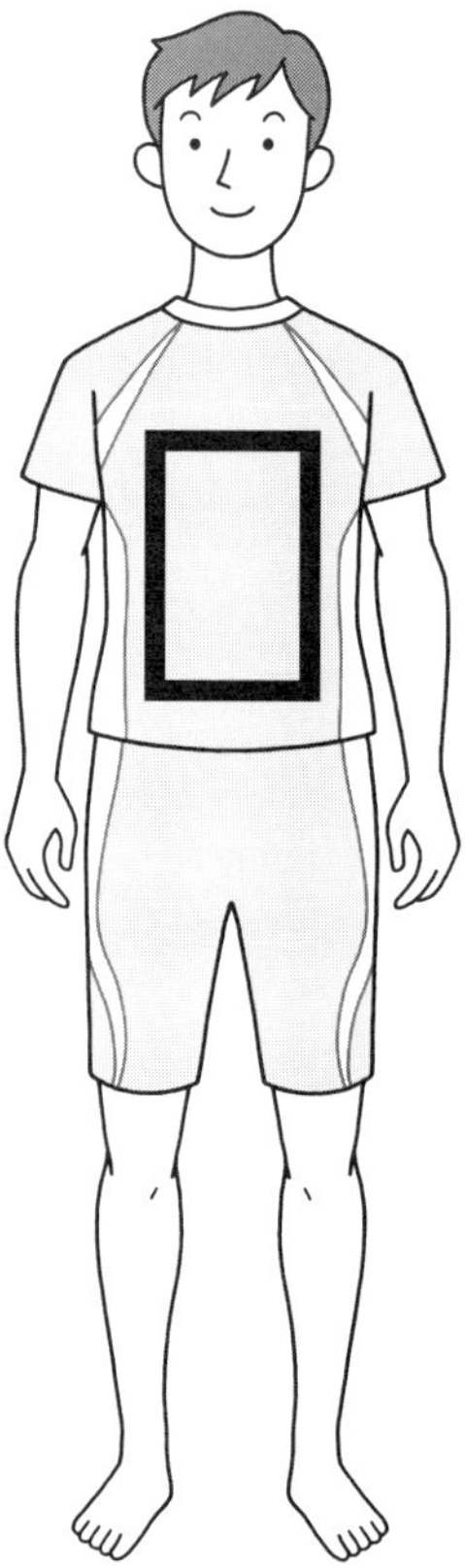

足を肩幅に開いて、
まっすぐ立つ。

②

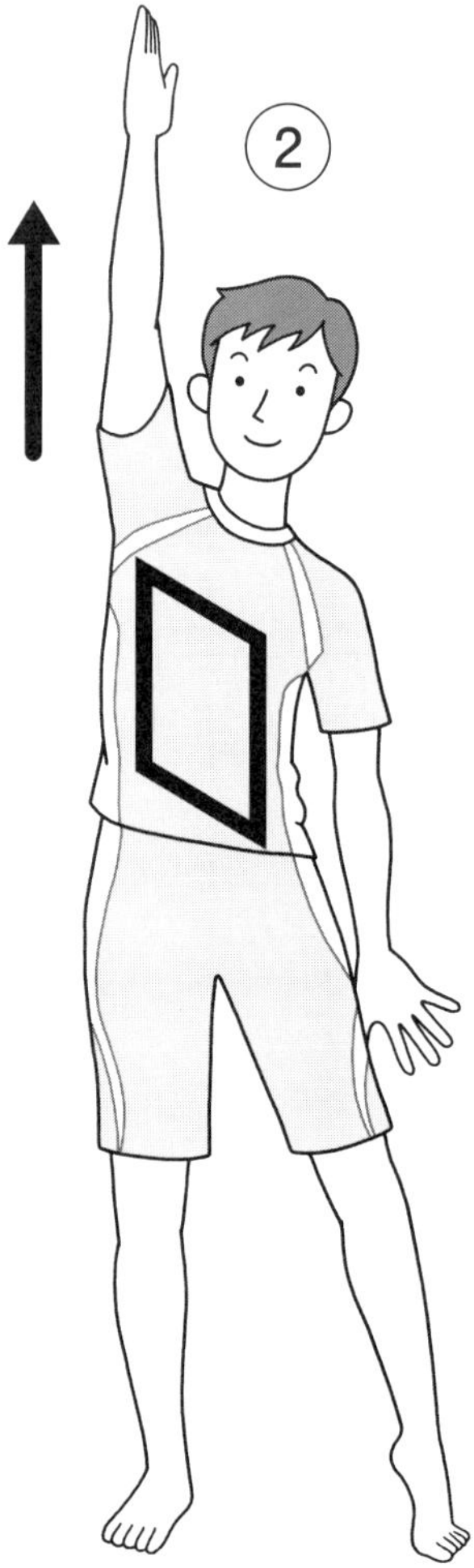

息を吐きながら、右足に体重をのせて左足のかかとを上げ、右手をまっすぐ高く上げる。
手のひらは内側に向ける。
同時に左腕を内側にひねって、体の後ろに引く。
左脇腹の筋肉を縮めて、胴体が四角形からひし形になるイメージで。

反対側も同様に、左右交互に3回ずつ行う。

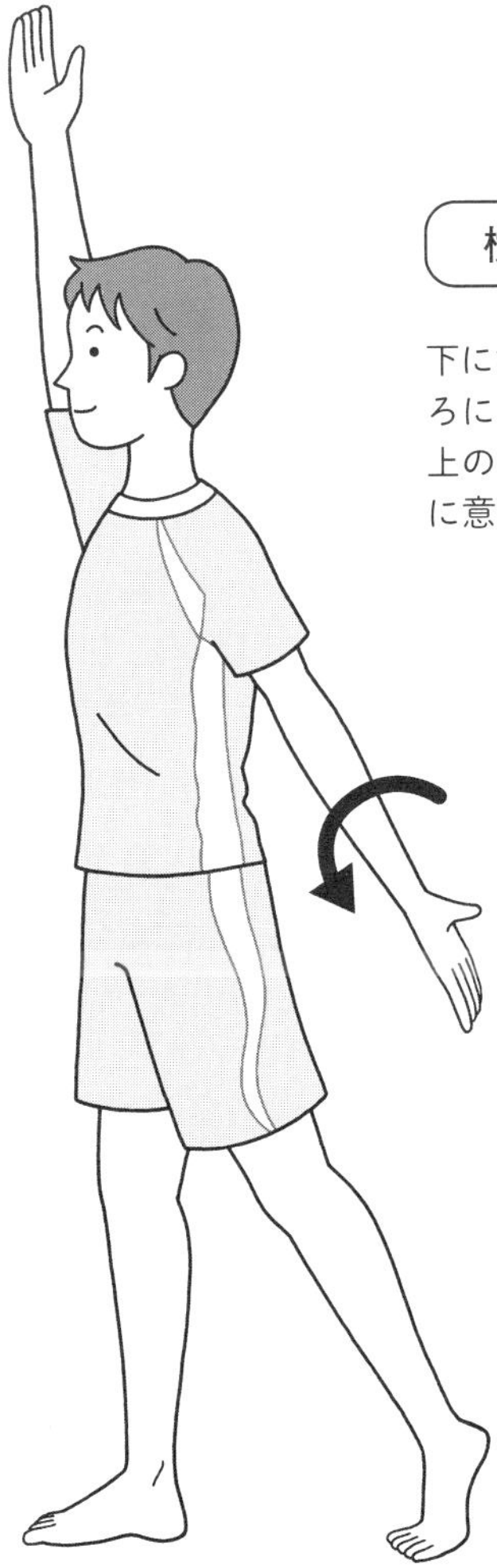

横から見たところ

下になった腕は内側にひねり、体より後ろに持っていく。

上の手と下の手をぐっと引き離すように意識する。

ナニ効く？ドコ効く？

基本的に筋肉は伸ばすことで鍛えられますが、「伸ばそう！」と意識すると力が入り、かえって伸びなくなってしまいます。

手を上げた側の体側ではなく、反対側の体側の筋肉が縮んでいることを意識して行いましょう。

腕を上げると広背筋をはじめ脇腹の筋肉が伸びて鍛えられ、結果的に呼吸が入りやすくなります。

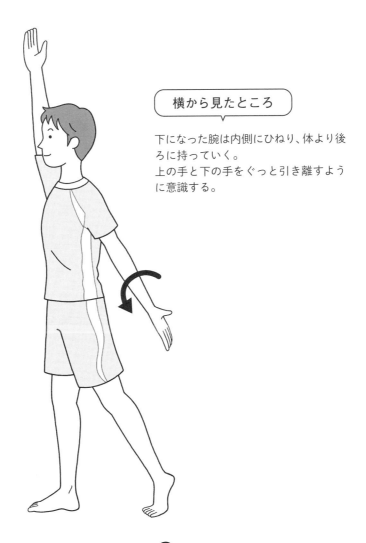

八の字体操

肩甲骨まわりの筋トレ

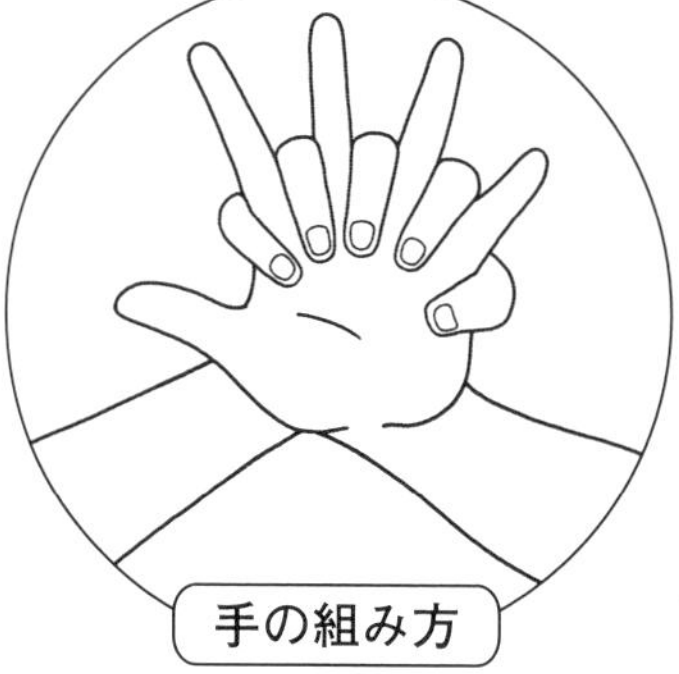

①

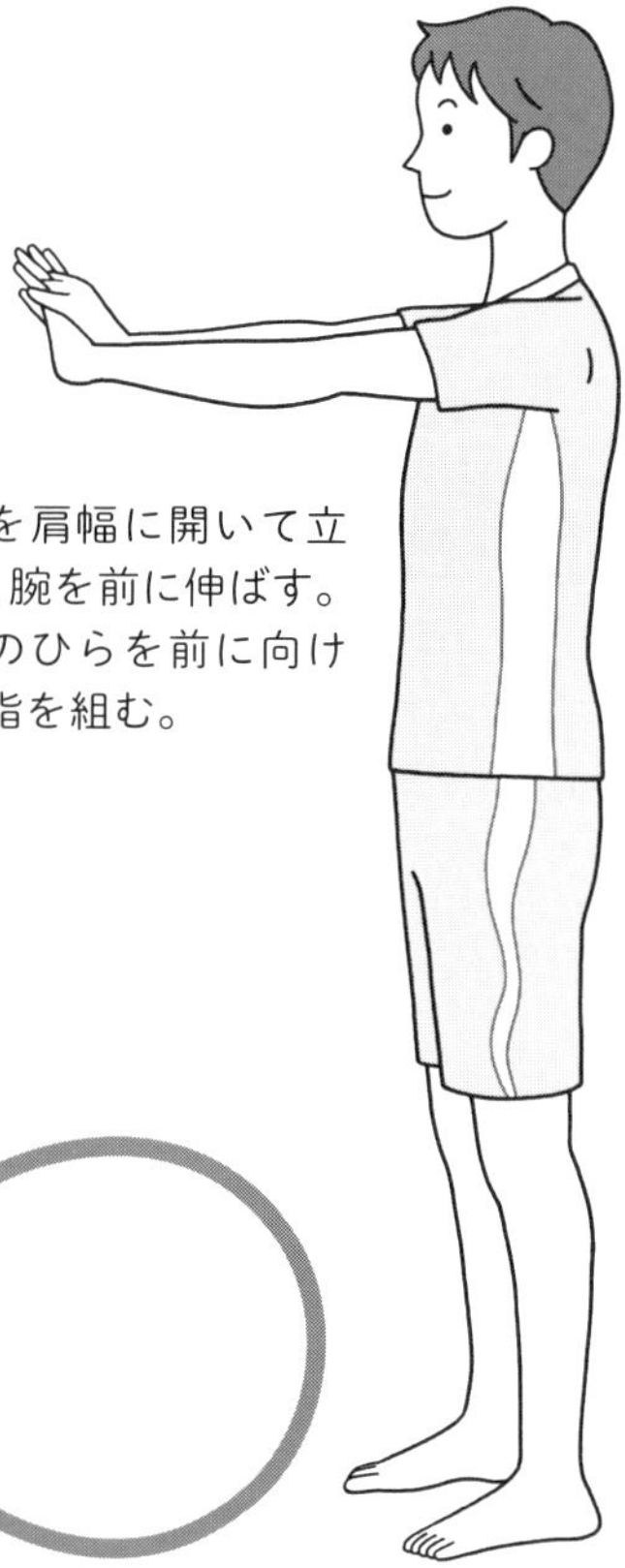

足を肩幅に開いて立ち、腕を前に伸ばす。手のひらを前に向けて指を組む。

②

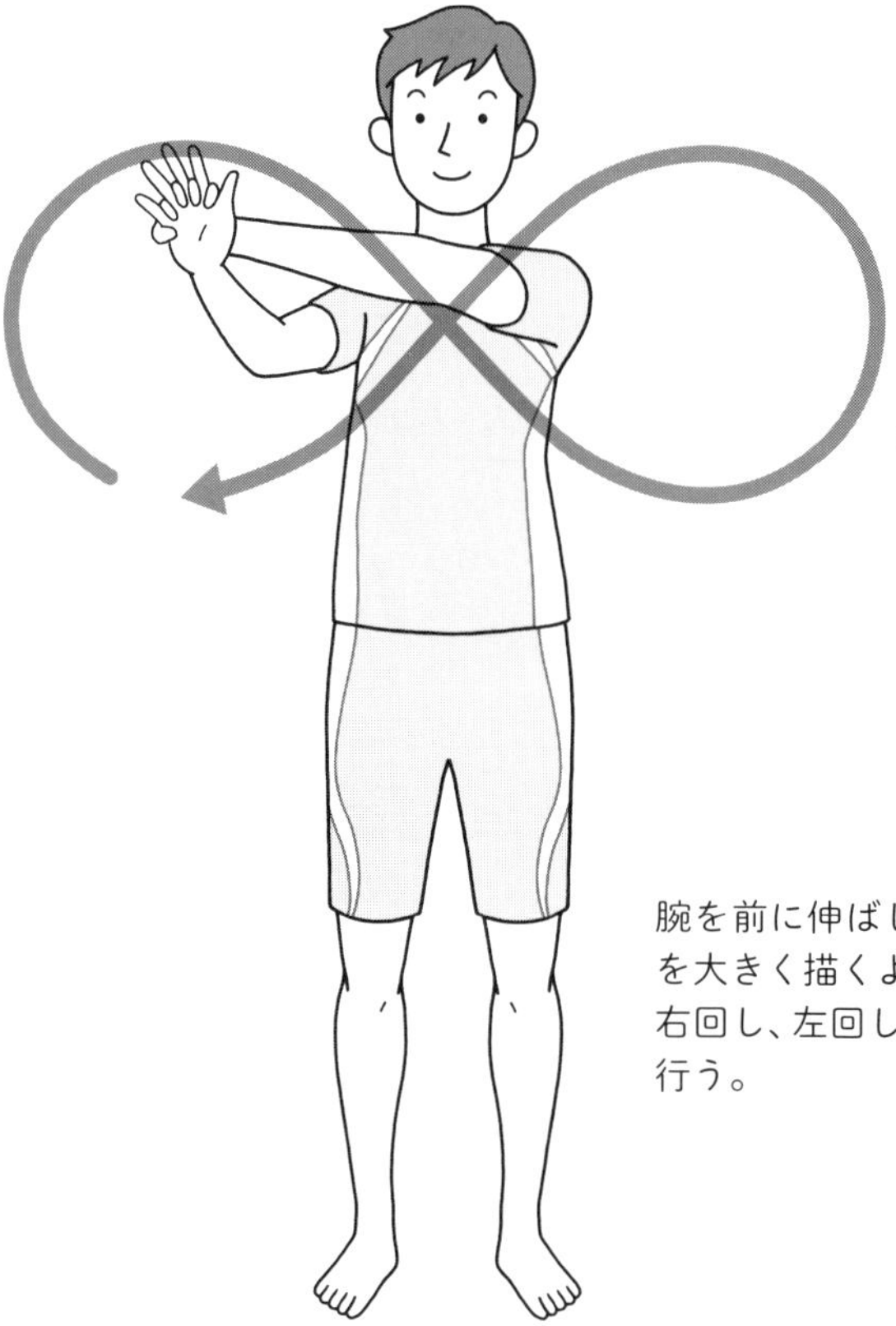

腕を前に伸ばしたまま、横に八の字を大きく描くように動かす。
右回し、左回しをそれぞれ３回ずつ行う。

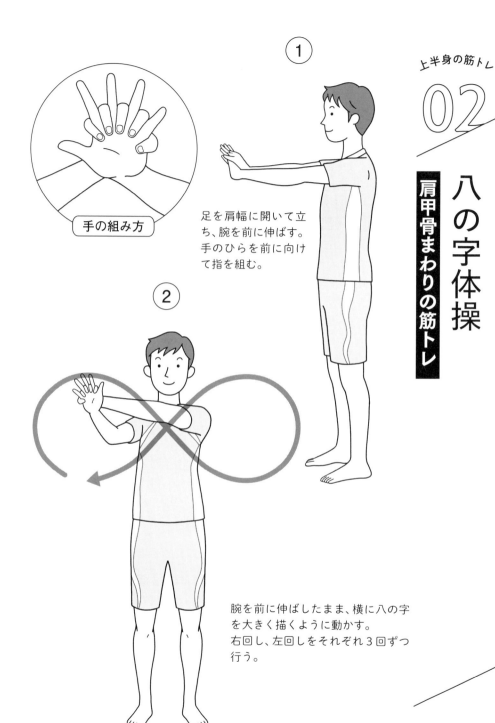

③

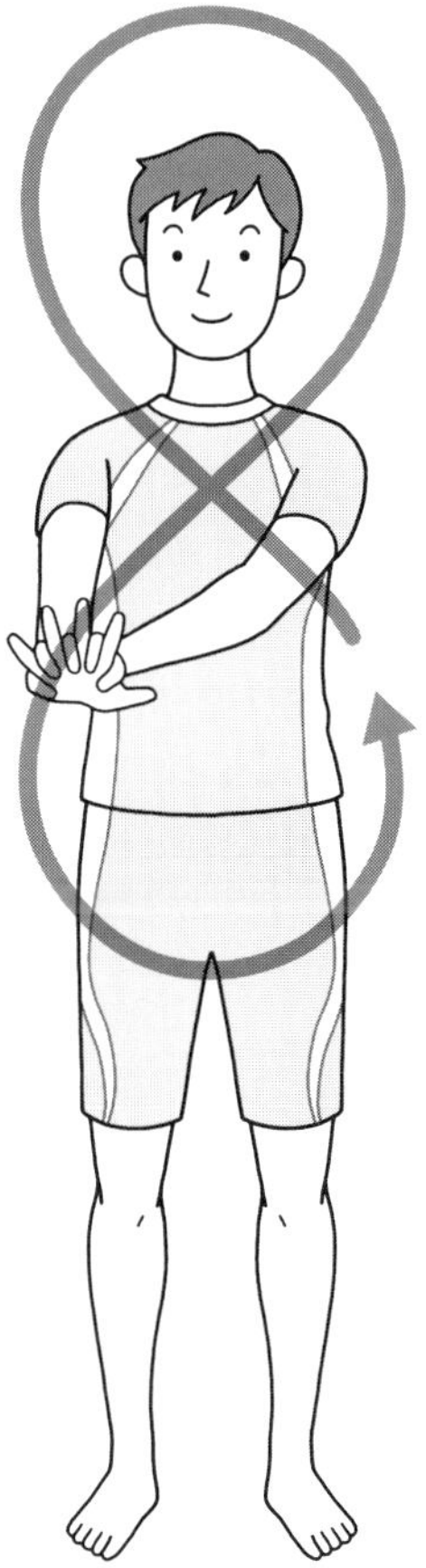

腕を前に伸ばしたまま、縦に八の字を大きく描くように動かす。
右回し、左回しをそれぞれ3回ずつ行う。

手を前後入れ替えて指を組み、②と③を同様に行う。

ナニ効く？ドコ効く？

両腕を動かすことで、肩甲骨のまわりにある上半身のインナーマッスルにはたらきかけます。

同時に、脳の血流が上がり、脳のはたらきも活性化されます。

脳の状態がよくなると、脳神経系の支配下にある首や肩の筋肉がやわらかくなり、結果的に胸が開いて、姿勢もよくなります。

上半身の筋トレ

03

腕カーテン体操

首・肩・肩甲骨まわりの筋トレ

①

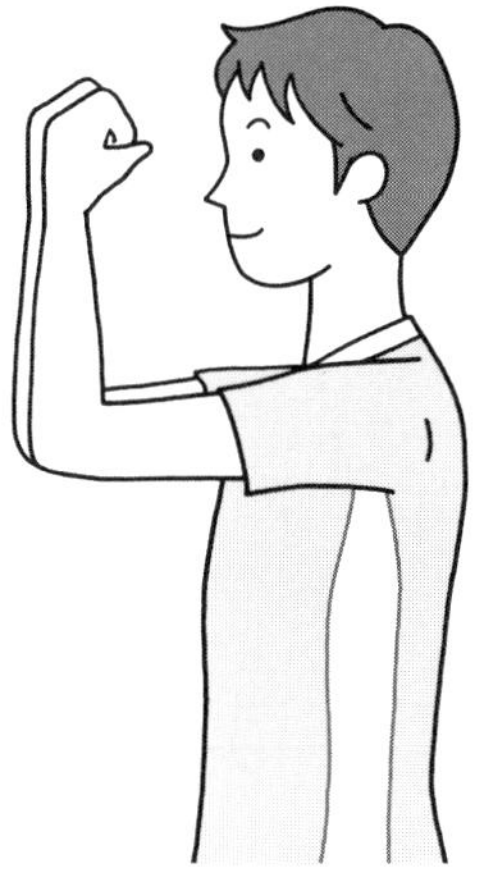

二の腕が床と水平になるように、顔の前で腕を合わせる。

②

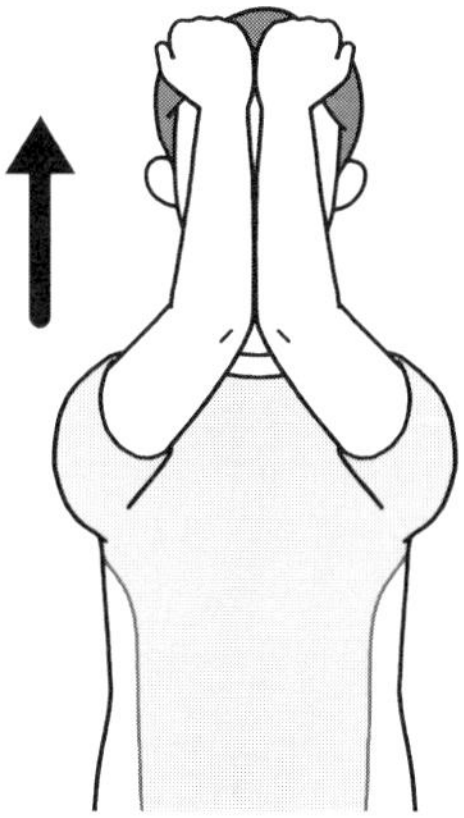

腕が離れないようにひじを顔の高さまで上げる。

③

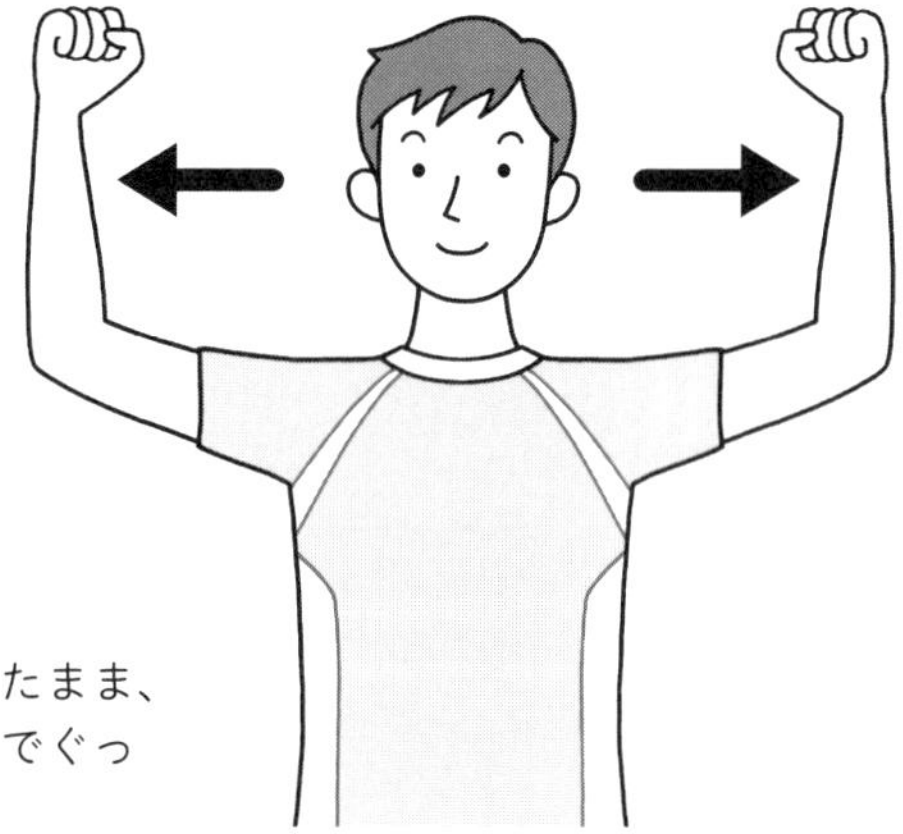

ひじの高さを保ったまま、腕を体のラインまでぐっと開く。

④

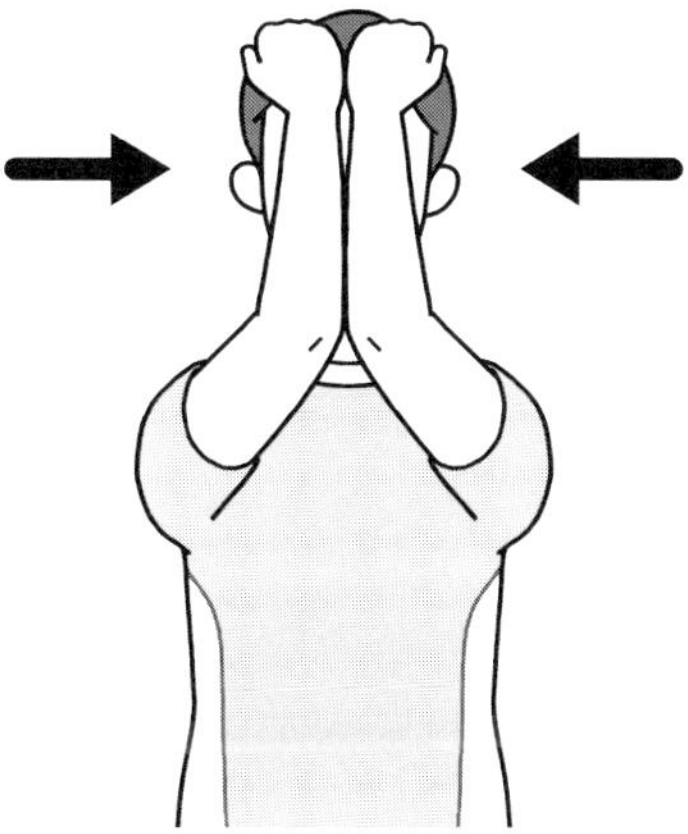

腕を閉じて、②の体勢に戻る。

⑤

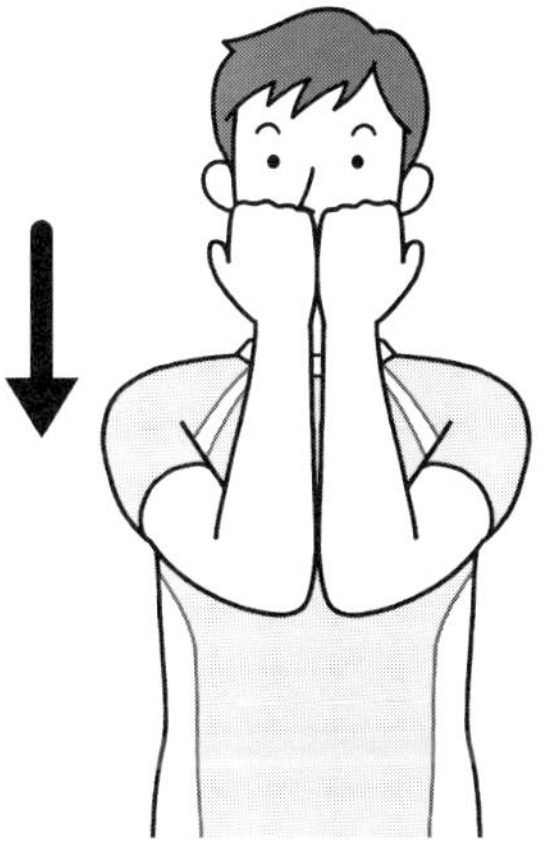

二の腕が床と水平になるように、ひじを下ろす。
①〜⑤を10回繰り返す。

ナニ効く？ドコ効く？

両腕を前にした前かがみの姿勢でいることが多い現代人は、肩甲骨まわりのインナーマッスルが使われず、その部分の筋力が衰えがちです。

腕を一度上に上げてから開閉することで、普段使っていない筋肉をしっかり動かし、筋力低下を防ぎましょう。

下半身の筋トレ

04

四股体操（その1）

内ももの筋トレ

①

広めに足を開く。
つま先は45度くらい外側に向ける。

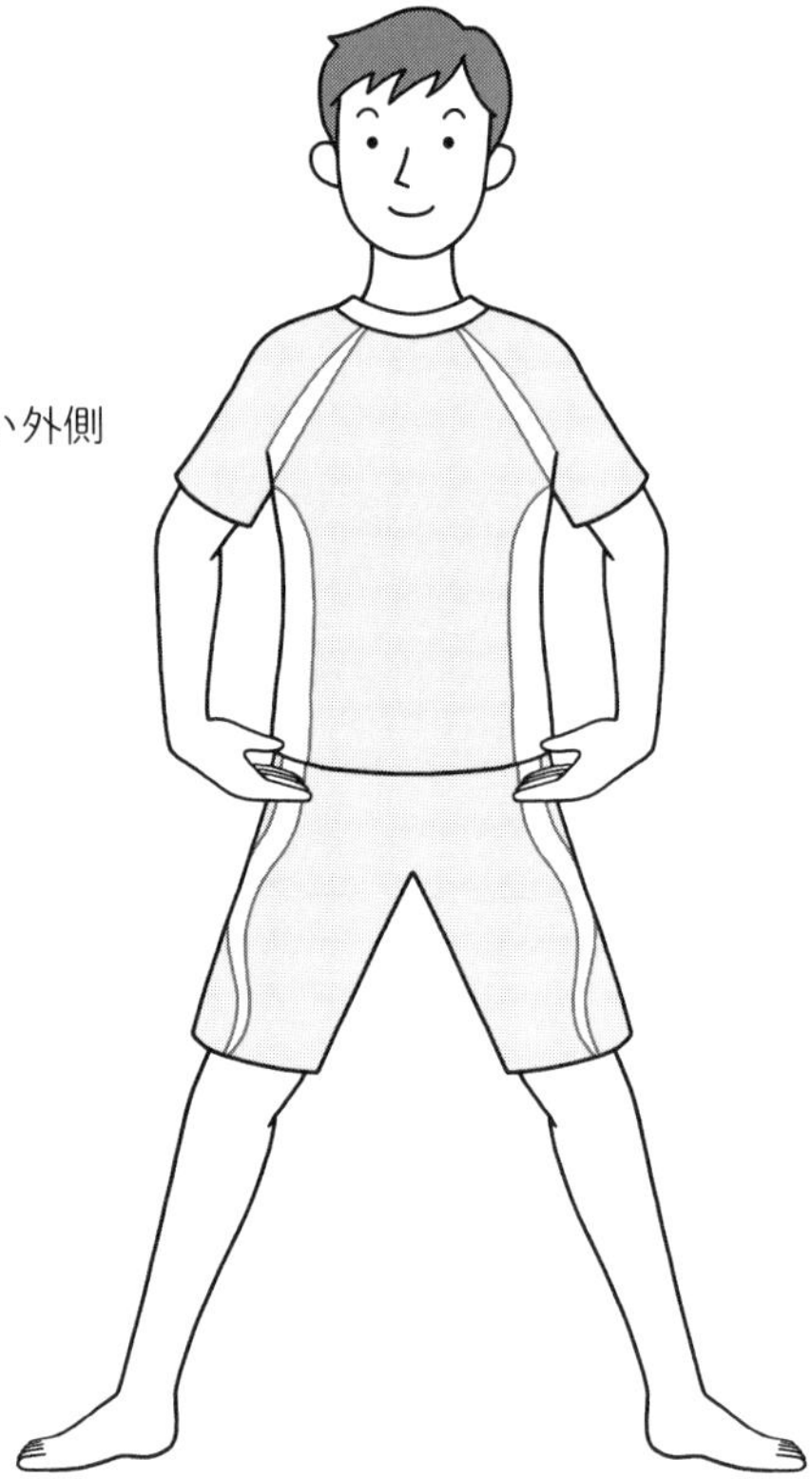

②

背筋を伸ばしたまま、腰を真下に落とすイメージで、ひざを曲げ伸ばしする。息を吸いながら腰を落とし、息を吐きながら立ち上がる。

5～10回行う。

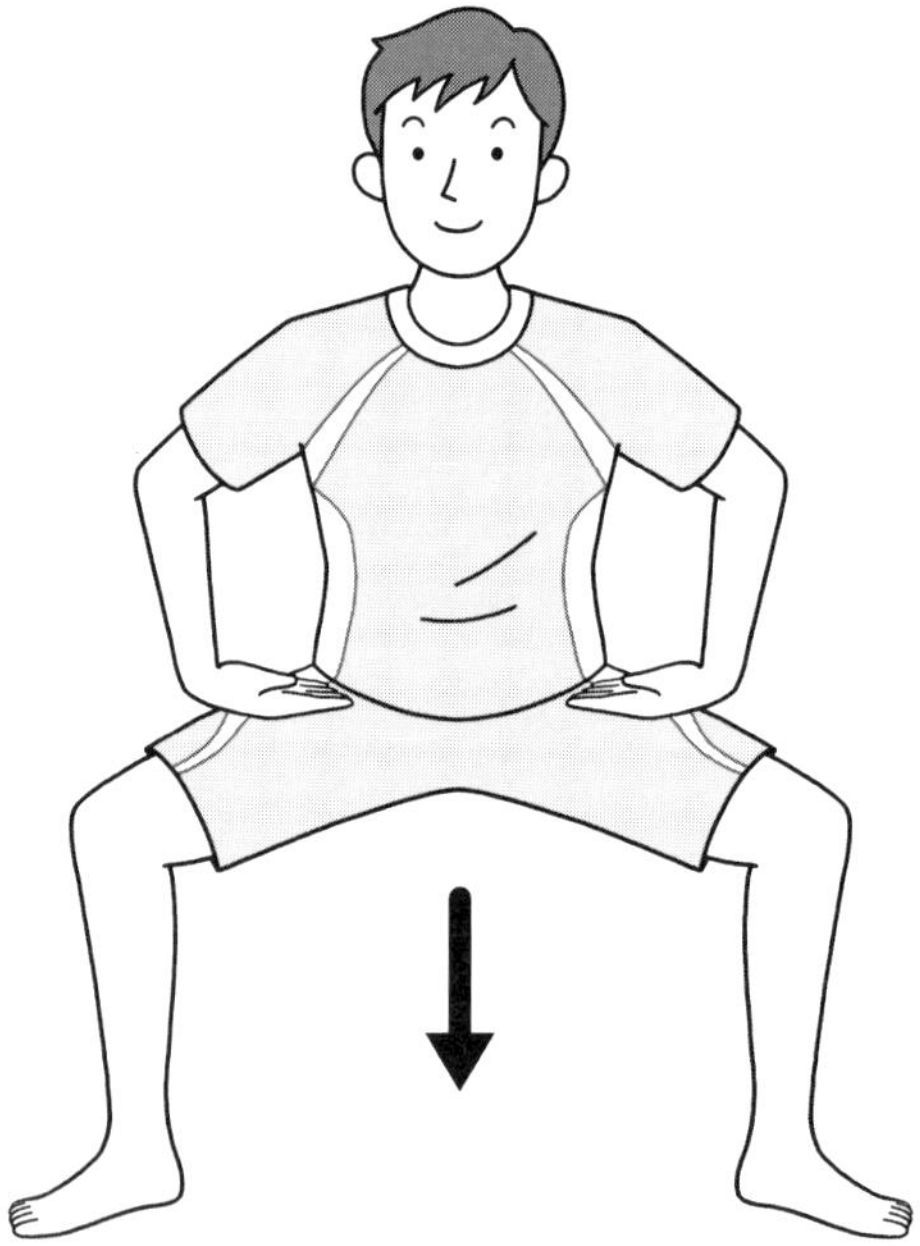

横から見たところ

腰を落としたとき、ひざとつま先が同じ方向を向き、ひざがつま先の真上にくるように屈伸する。

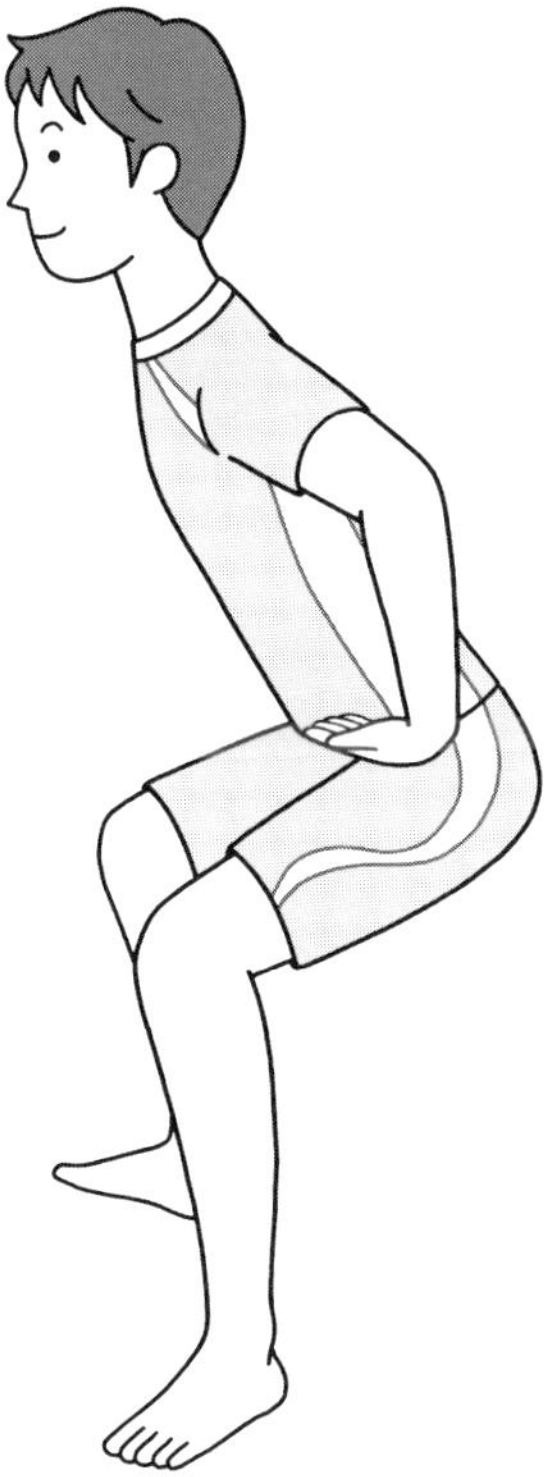

ナニ効く？ドコ効く？

内転筋という内ももの筋肉が効率よく鍛えられます。

いざというとき、しっかり体を支えられるようになり、転倒防止に役立ちます。

人間の足は、股関節の構造上、しゃがむと外向きに開くようにできているので、足を肩幅の広さに固定して行う一般的なスクワット体操は、ひざに負担がかかり、おすすめできません。

下半身の筋トレ

05

四股体操（その2）

内ももの筋トレ

①

足を揃え、つま先を少し開いて立った状態から右足を横に出す。

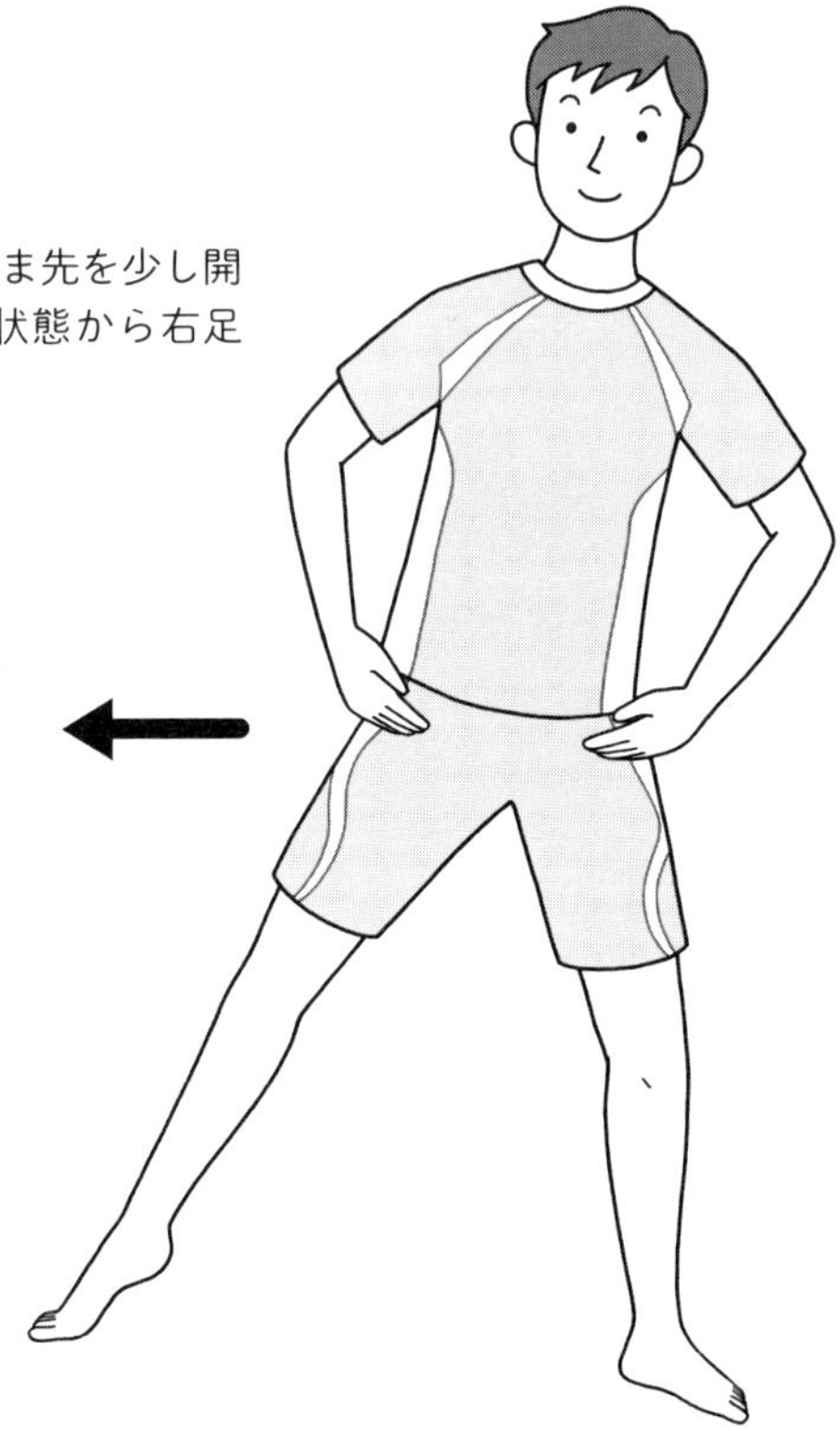

②

背筋を伸ばしたまま、ぐっと腰を落として両ひざを曲げる。

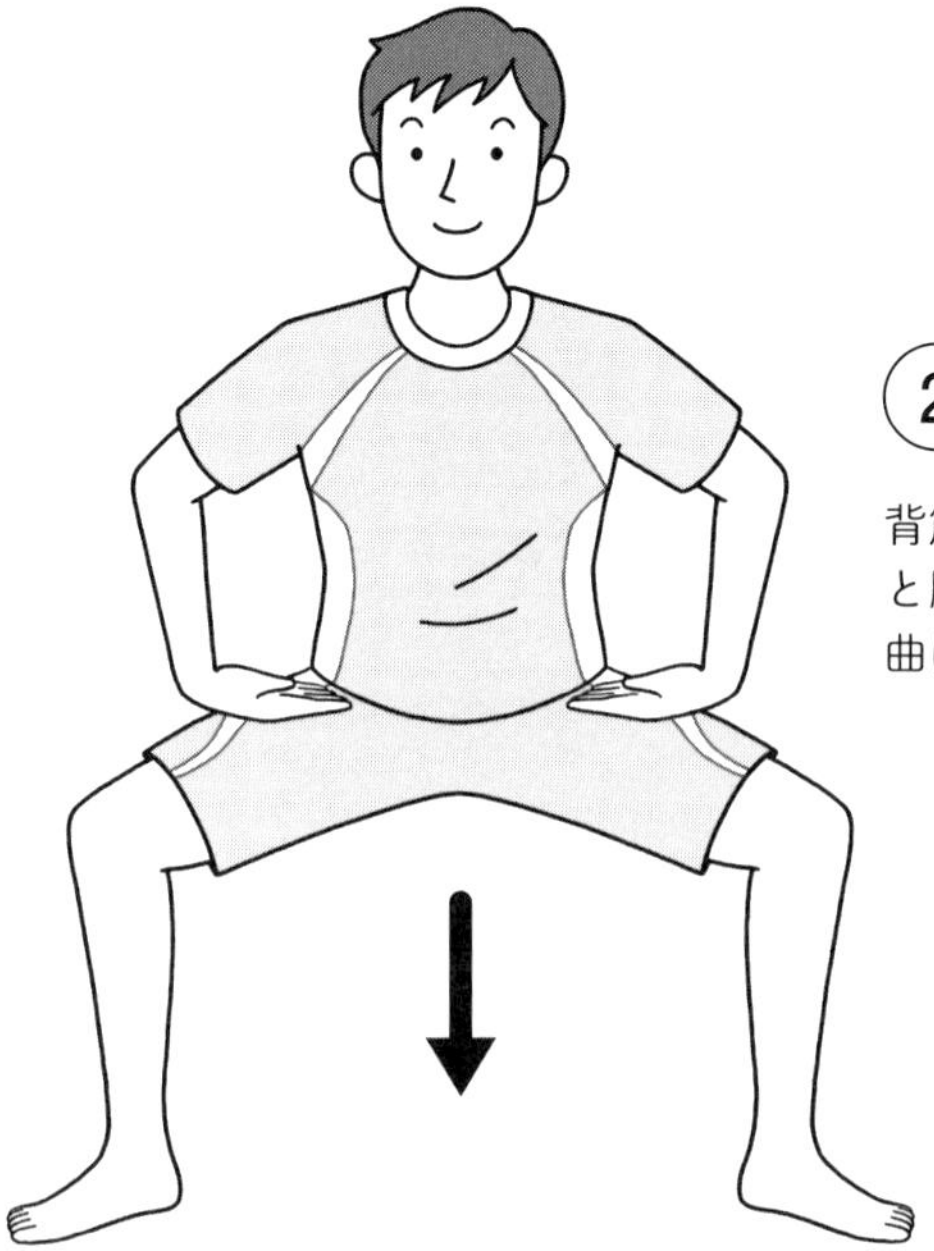

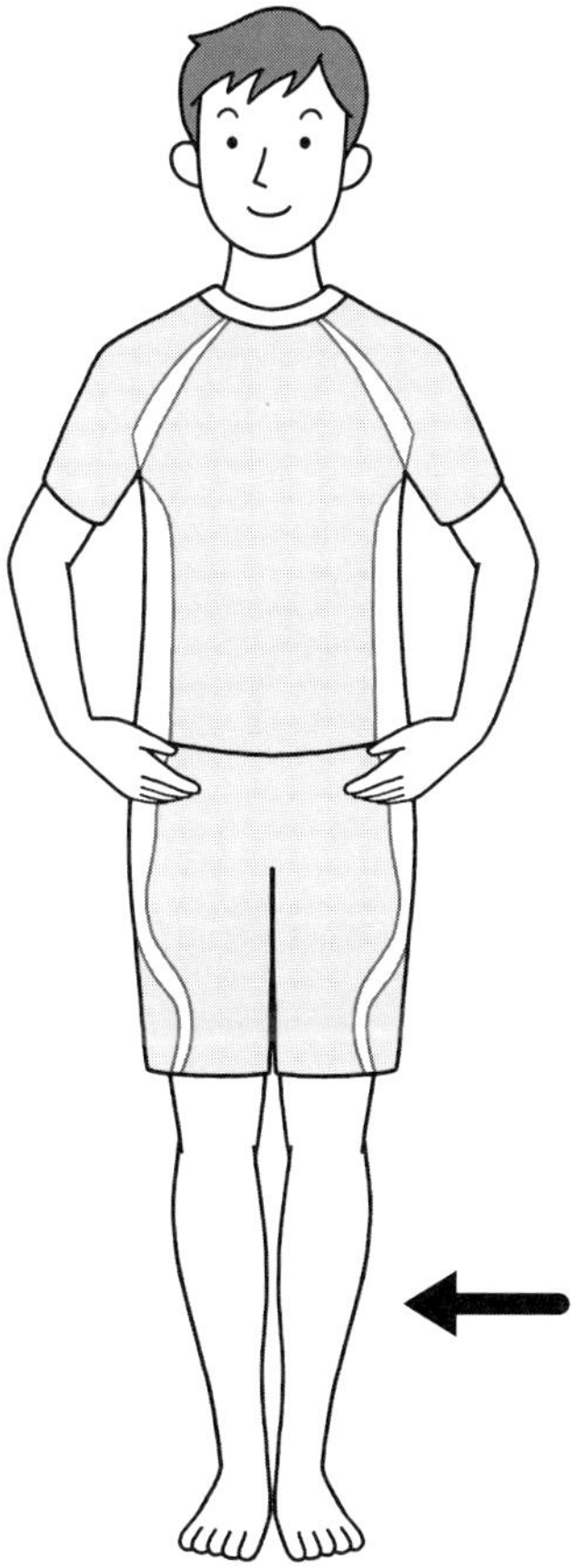

③

ひざを伸ばしながら、左足を右足につける。

同様に逆側を行う。

左足を横に出し、ぐっと腰を落として両ひざを曲げ、ひざを伸ばしながら右足を左足につける。
①～③を５～10回繰り返す。
慣れてきたらリズミカルに行う。

ナニ効く？ドコ効く？

下半身の筋肉が全体的に鍛えられるので、脚力アップ、転倒防止に役立ちます。

体重が左右に移動することで足の骨が刺激され、骨密度アップも期待できます。

できるだけリズミカルに行うことで、歩行能力や下半身の瞬発力も向上します。

06

もも上げ体操

太もも・大腰筋・お尻の筋トレ

肩幅に足を開き、左右交互に太ももを腰の高さまで上げ下げする。
リズミカルに、左右10回ずつ行う。

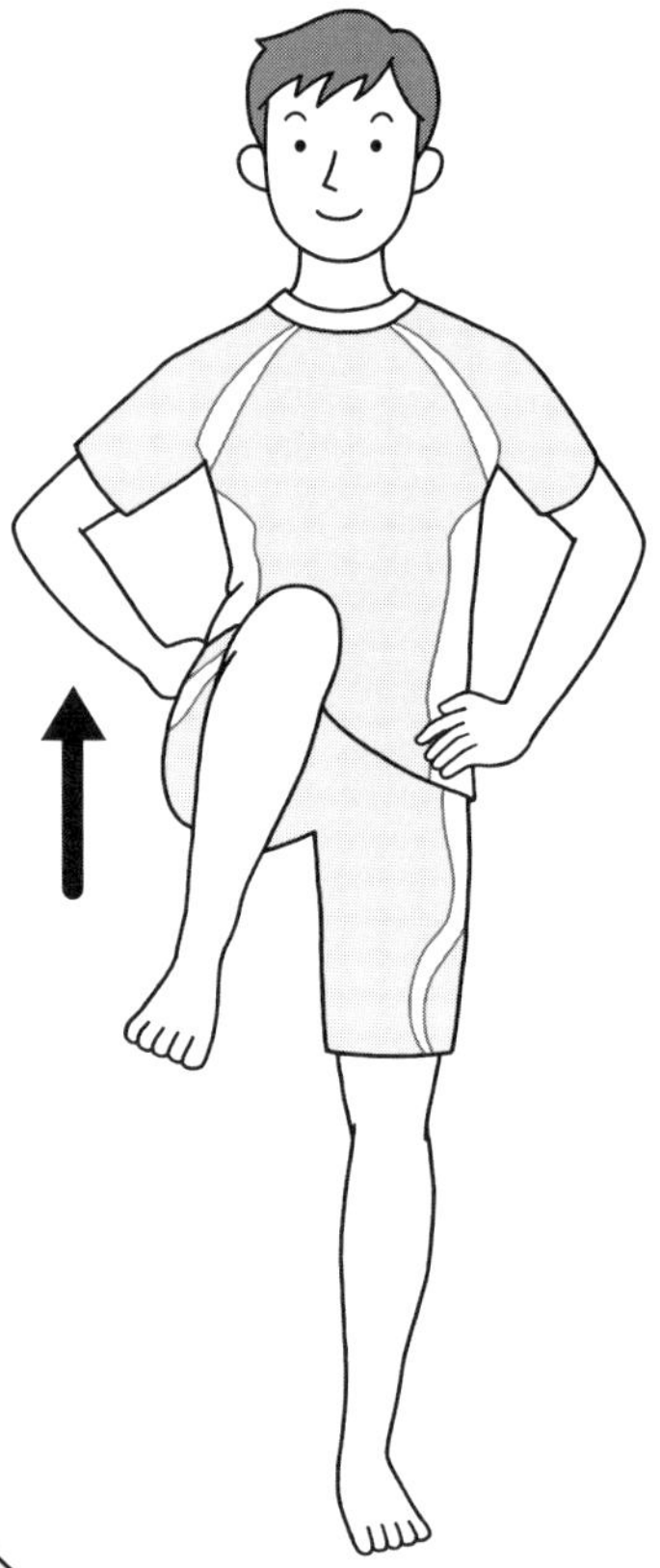

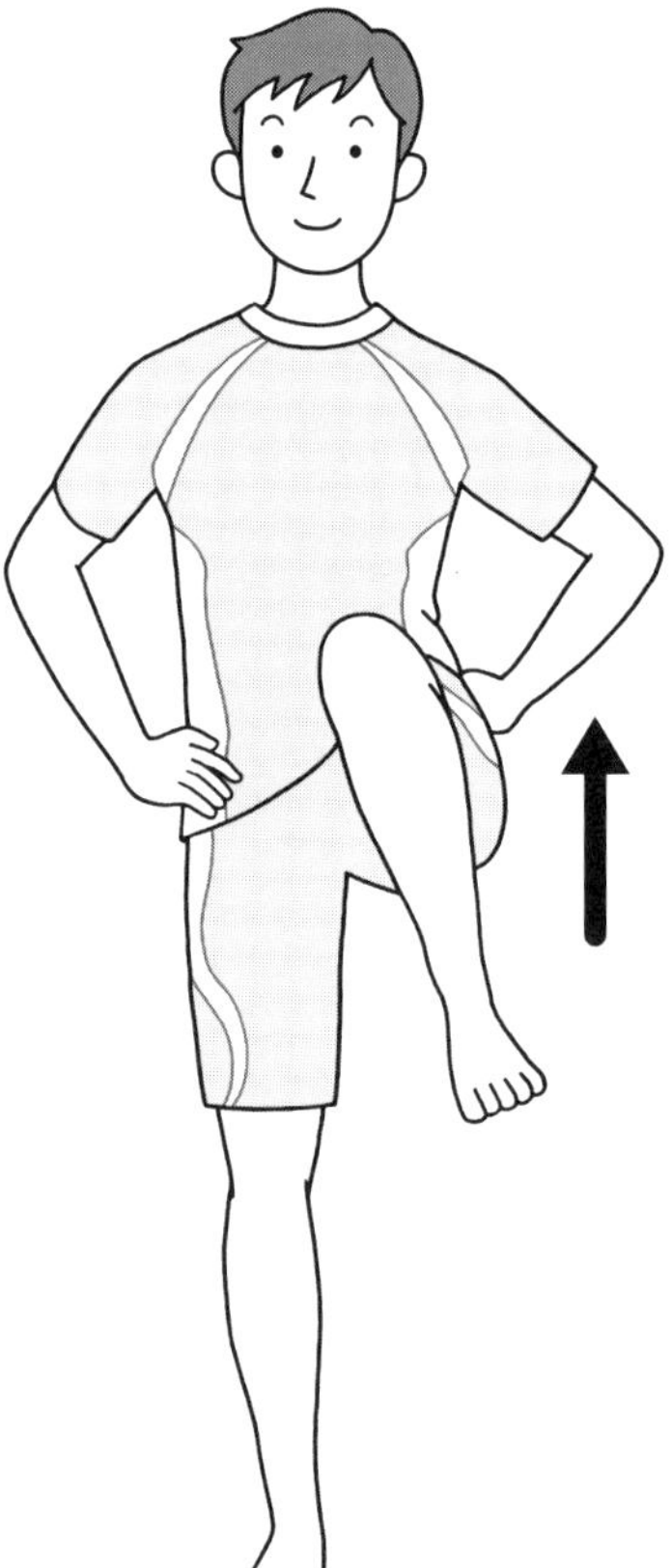

横から見たところ

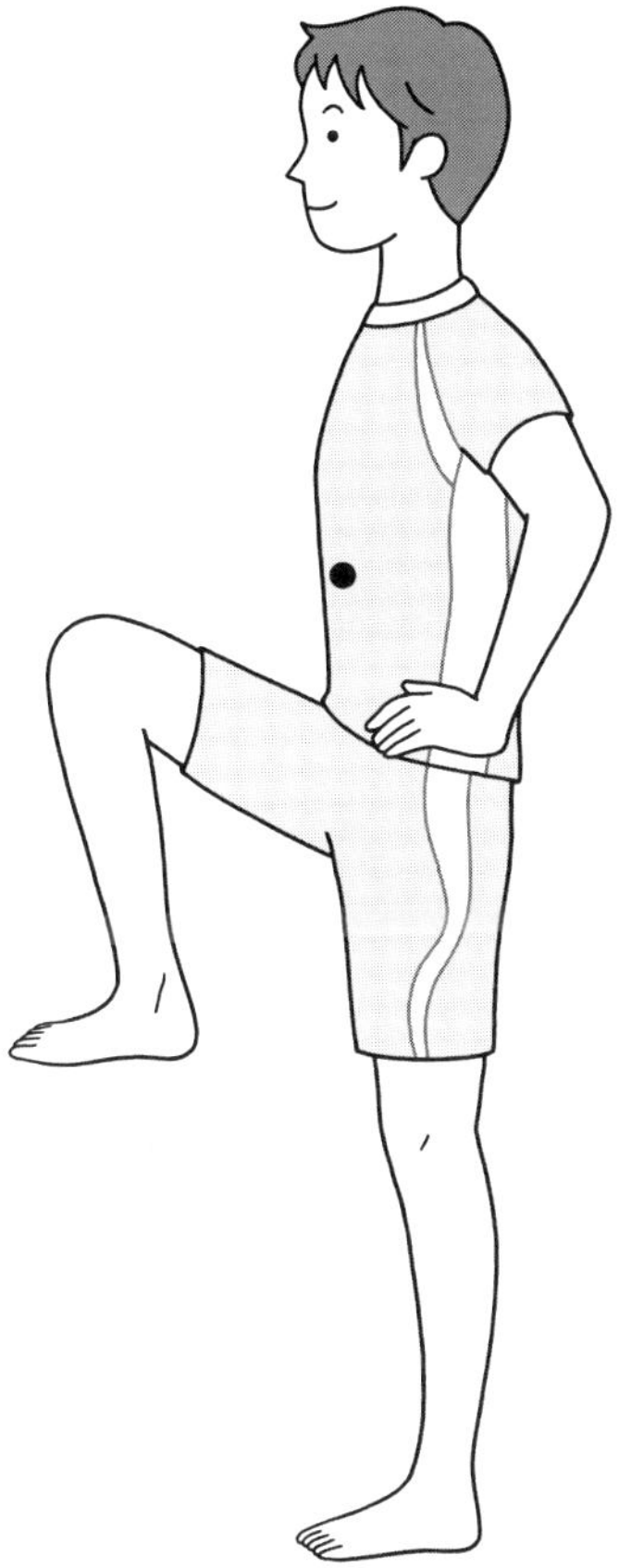

みぞおちから足を上げる
イメージで。

ナニ効く？ドコ効く？

みぞおちを意識して足を上げることで骨盤が動き、太ももやお尻の筋肉はもちろん、大腰筋や腹斜筋にも効くトレーニングです。

日常動作ではあまり使わない体芯の筋肉をしっかり動かし、鍛えていきましょう。

この体操も足の上げ下げにより体重移動が生まれるので、足の骨に刺激が入り、骨密度アップも期待できます。

全身の筋トレ

07 ウォーキング体操

お尻・大腰筋の筋トレ

①

手は腰におき、肩幅に足を開いて立った状態から、右足を大きく一歩後ろに引く。
このとき、右ひざをぐっと伸ばし、前足に体重をかける。
頭から後ろ足までが直線になるように意識する。

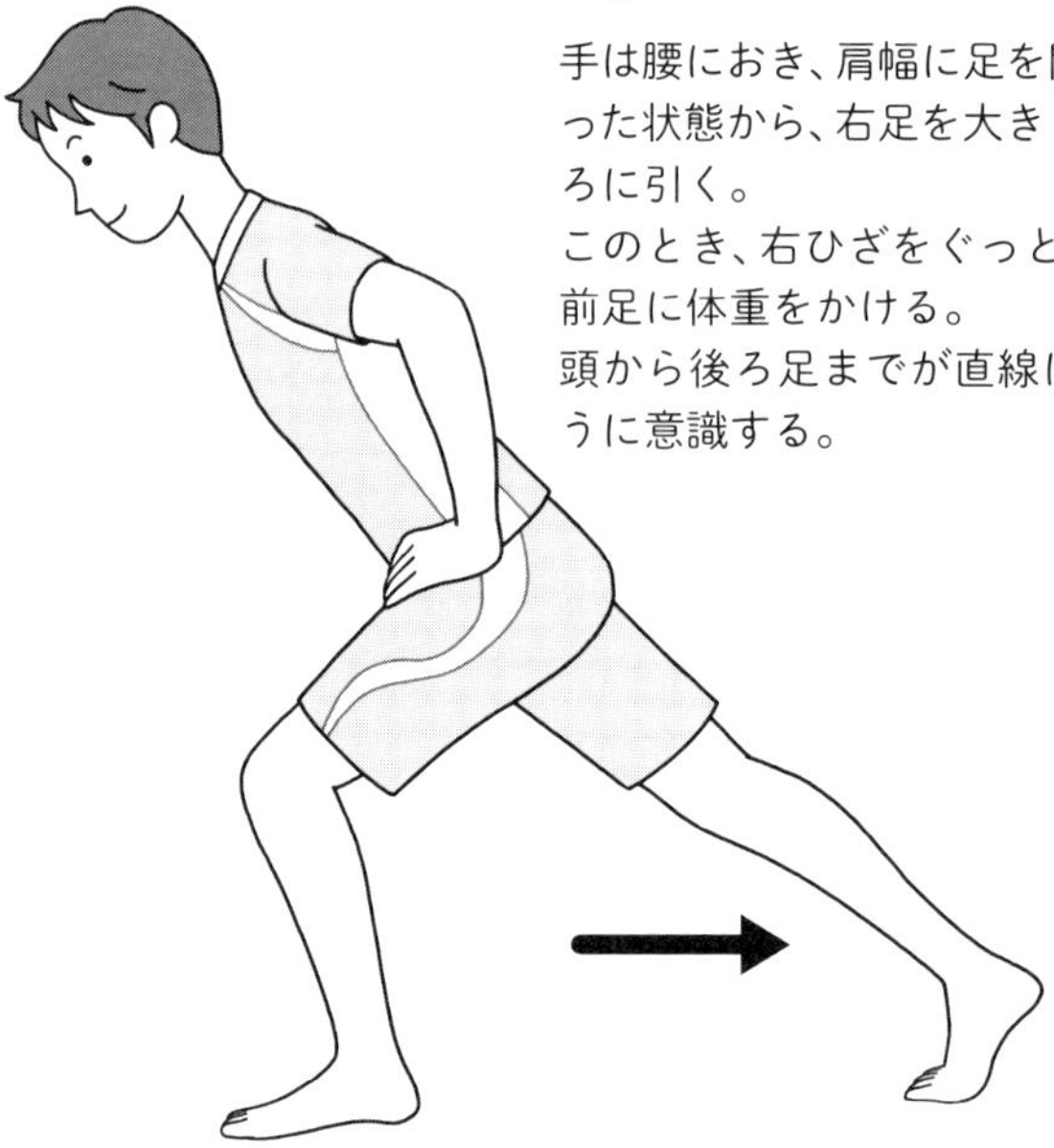

②

右足を戻す。

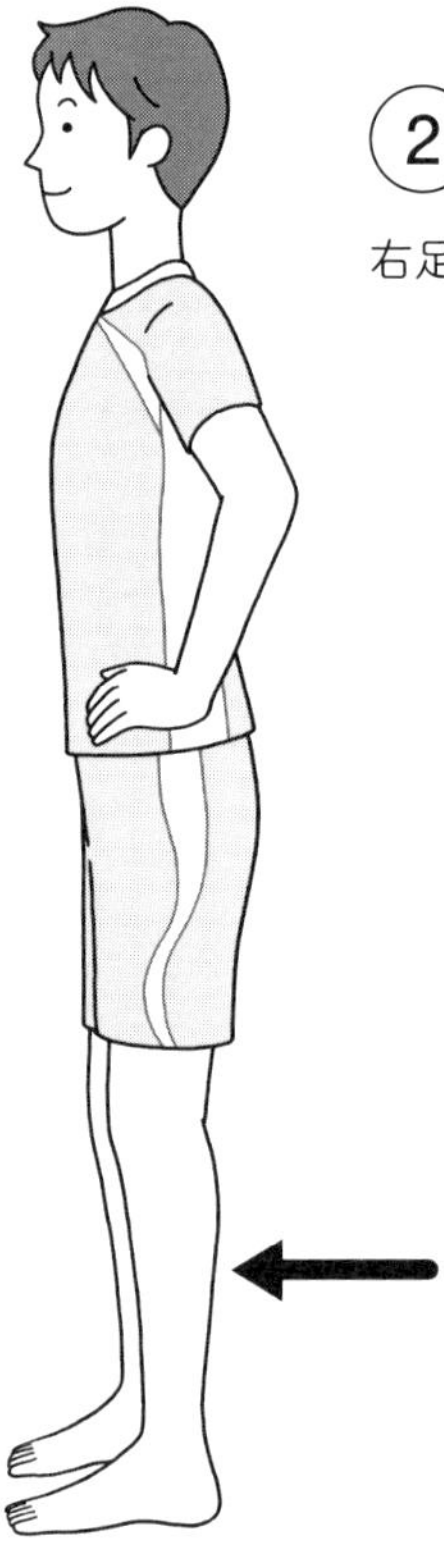

③

同様に左足を後ろに大きく一歩引き、左足を戻して元の姿勢に。

リズミカルに、左右10回ずつ行う

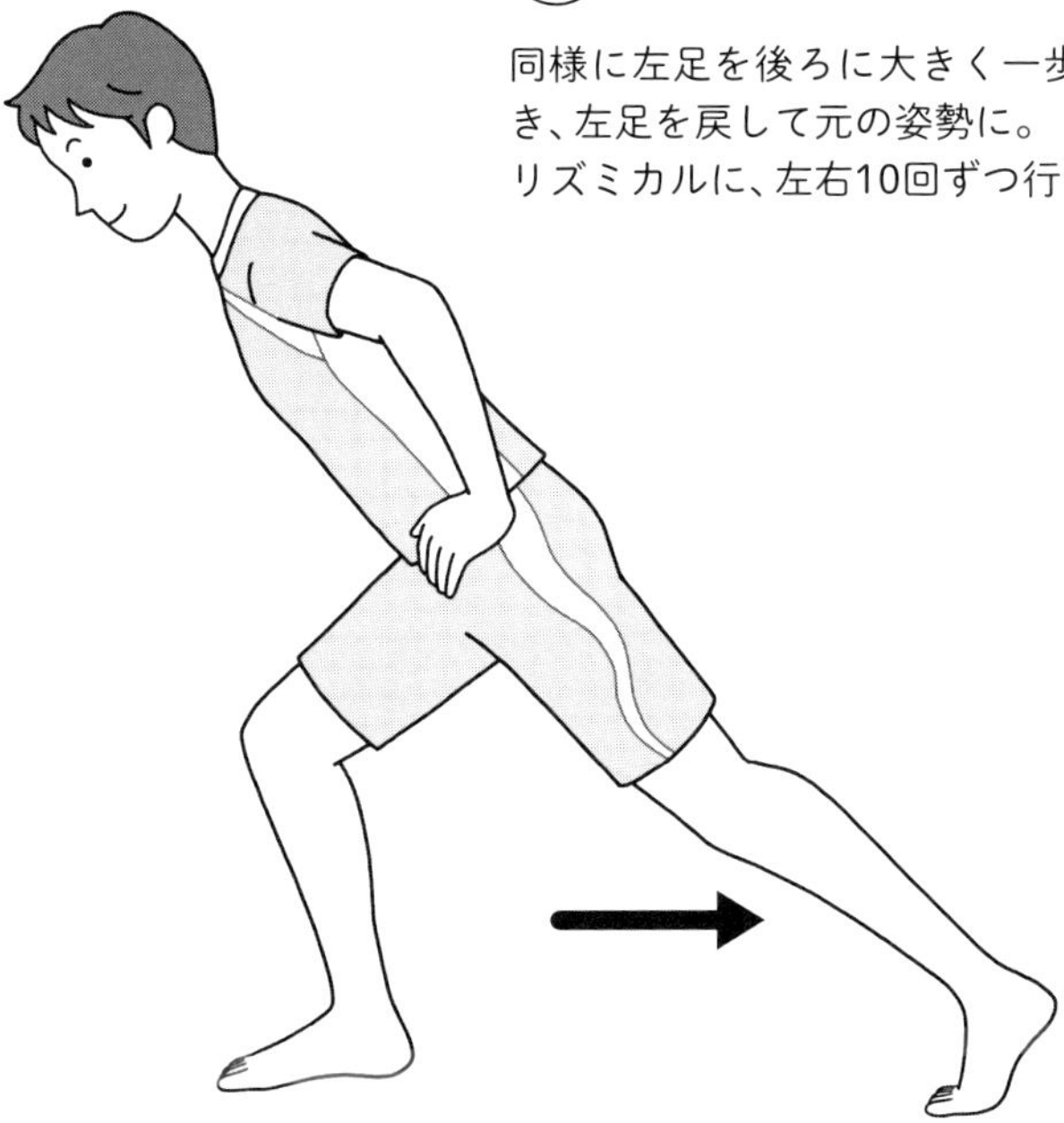

ナニ効く？ドコ効く？

足を後ろに引いて、大腰筋やお尻の筋肉にはたらきかける体操です。

大腰筋は、後ろに足を伸ばすとぐっと伸び、足を戻すときに縮むことで鍛えられていきます。

同時に、体重が乗っている前側の足の大臀筋や中臀筋といった、お尻の筋肉にも効きます。

足を前に出して行う運動に比べて転倒リスクが少ないので、安心して行えます。

07 腕をつけたパターン

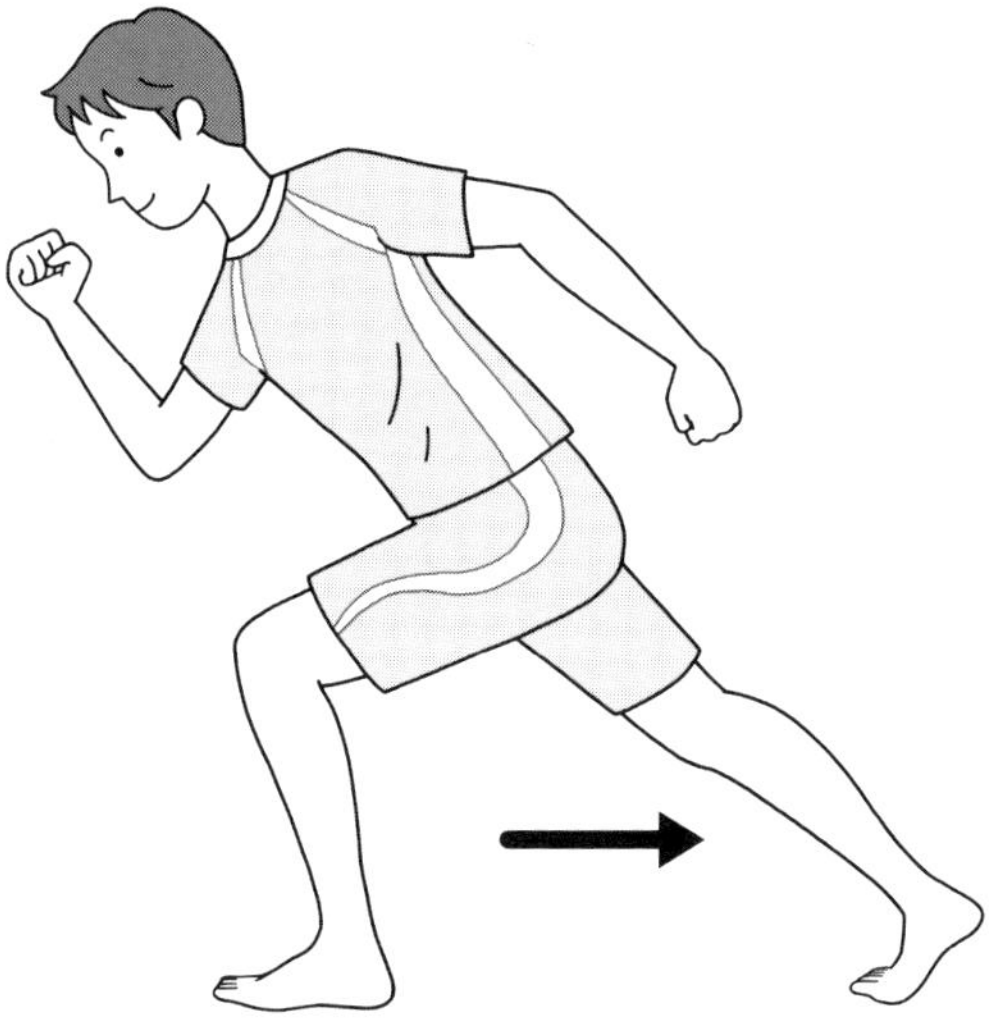

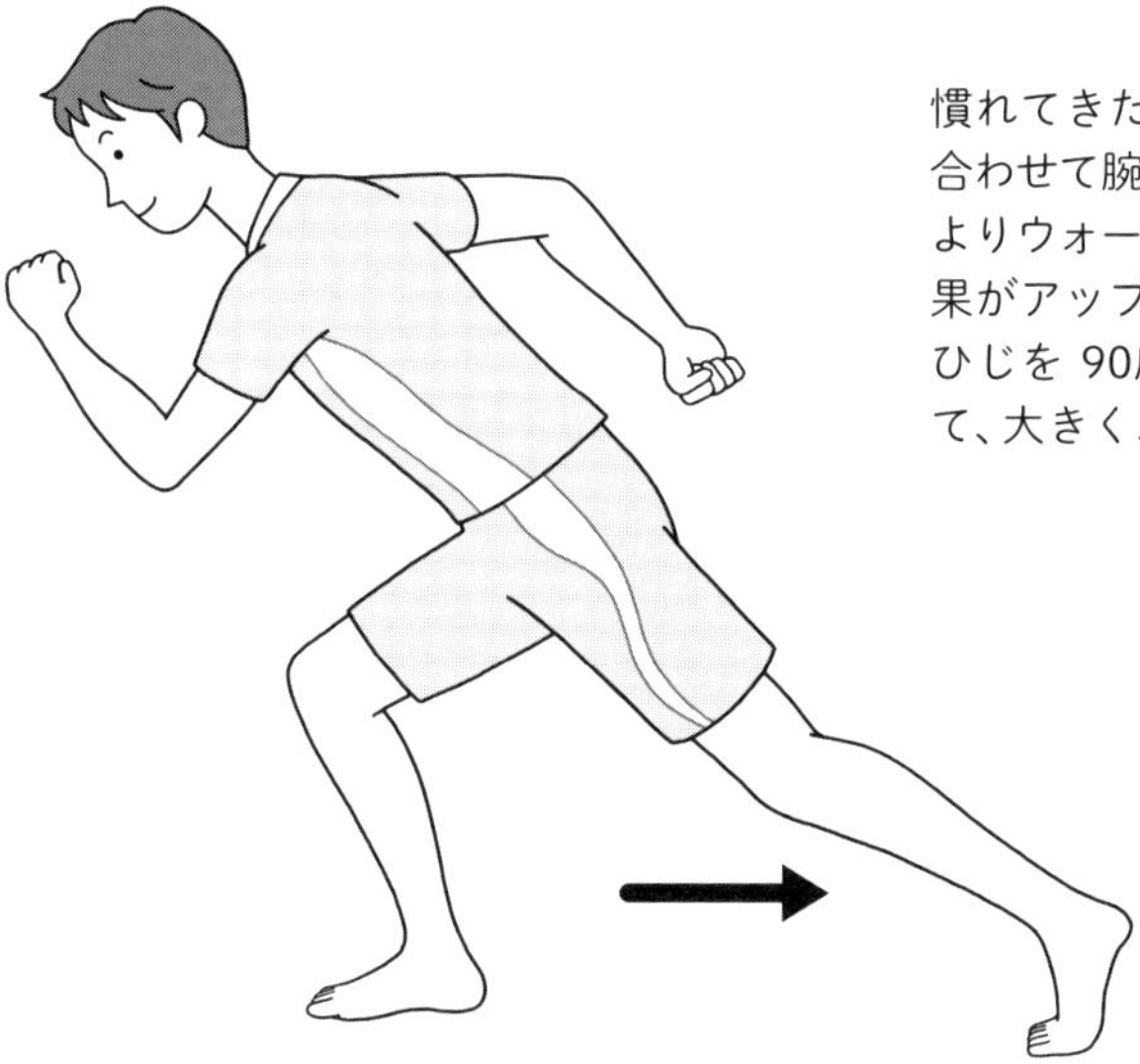

慣れてきたら、足に合わせて腕をふると、よりウォーキング効果がアップする。
ひじを 90度に曲げて、大きくふる。

ナニ効く？ドコ効く？

腕をつけると、まさに大股で歩いているような体勢になり、全身の筋肉が鍛えられます。

腕と反対側の足を同時に動かすことで手足の連動性も養われ、運動能力が高まります。歩く速度を速くするのにも、効果的な体操です。

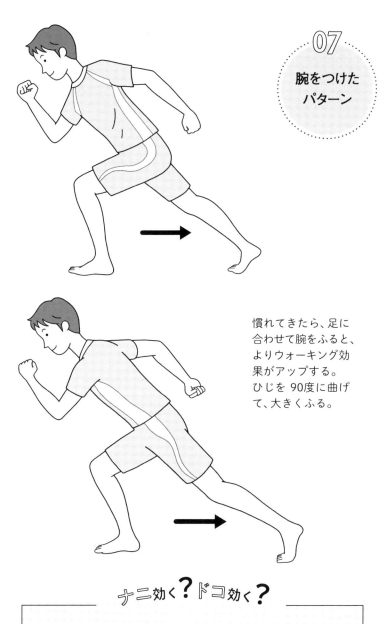

Part

3

床で行う「体芯力」全身体操

＼ 鈴木亮司のレッスン動画 ／

下記のURLにアクセスするか、QRコードを読み取ってください。
一緒に［床で行う「体芯力」全身体操］をしましょう！

動画 URL
https://youtu.be/bC1Ag60B2Ho

床で行う「体芯力」全身体操のプログラム

01 背中丸め呼吸体操

02 横座りひねり体操

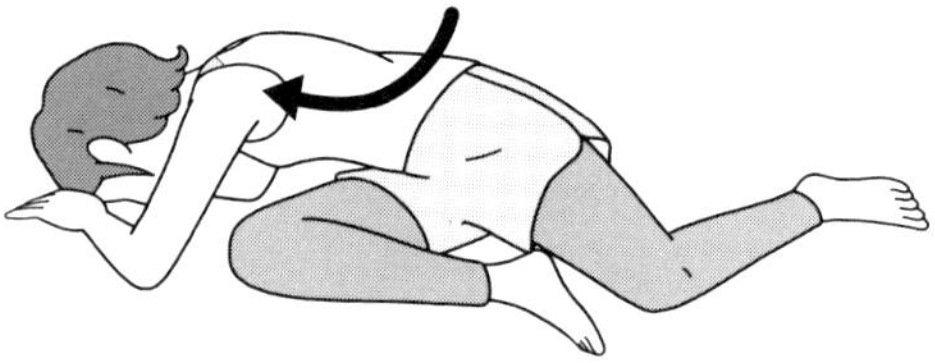

06 手足上げ下げ体操

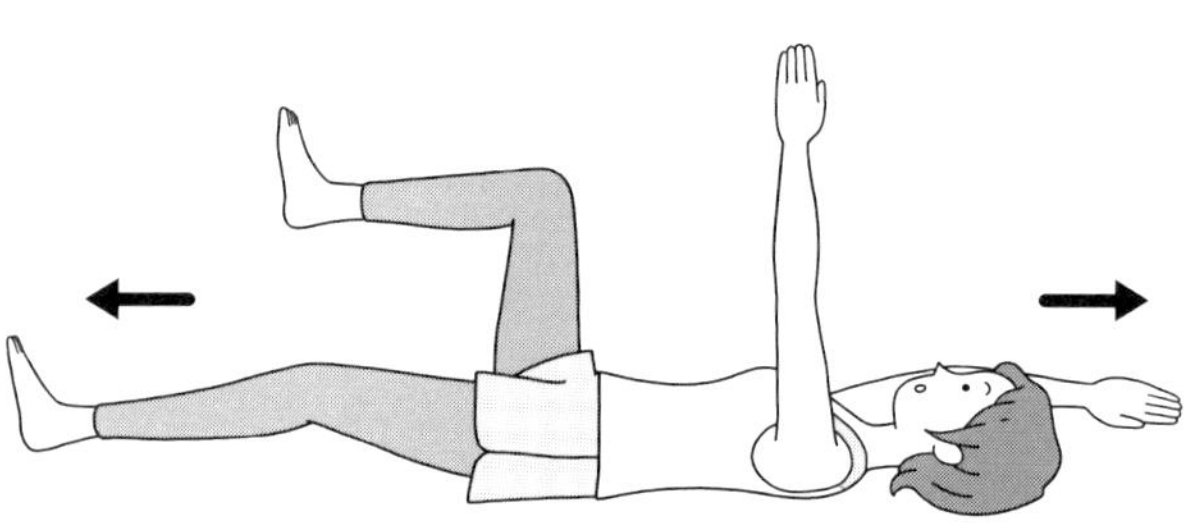

07 両ひざ倒し半円体操

03
足またぎ腰ひねり体操

04
お尻歩き体操（その1）

05
お尻歩き体操（その2）

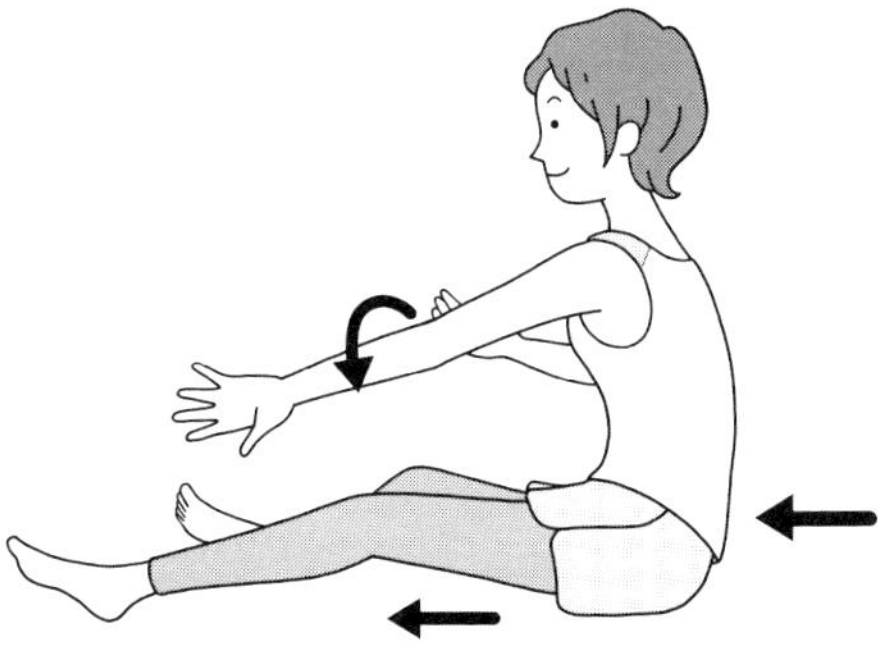

08
寝返り体操

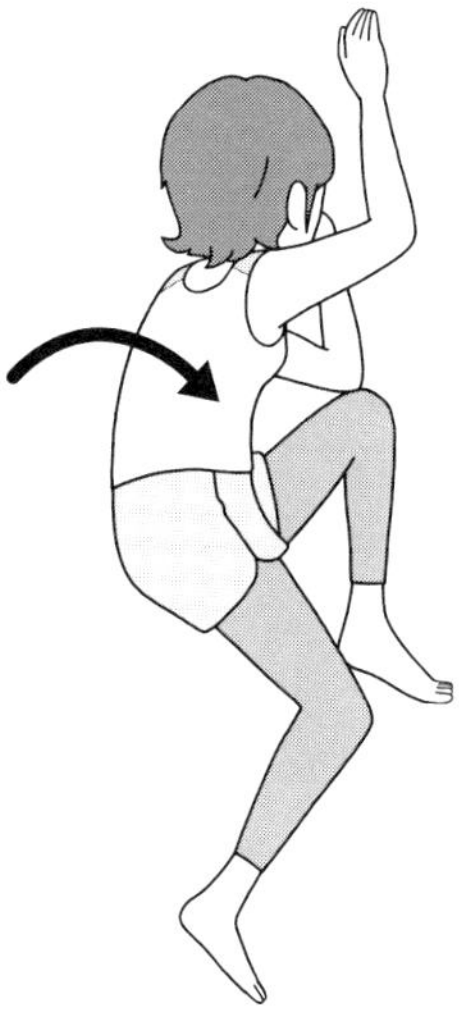

09
赤ちゃん体操

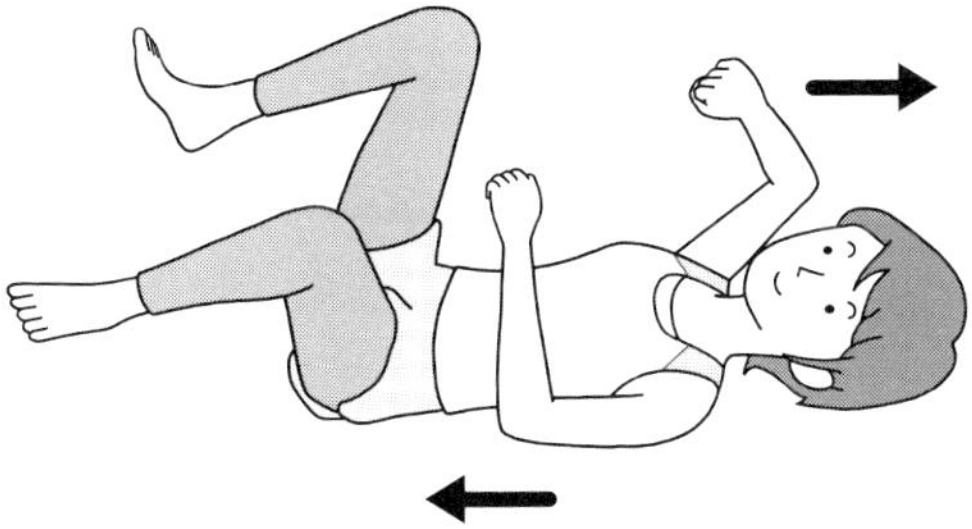

上半身の筋トレ

01

背中丸め呼吸体操

お腹まわりの筋トレ

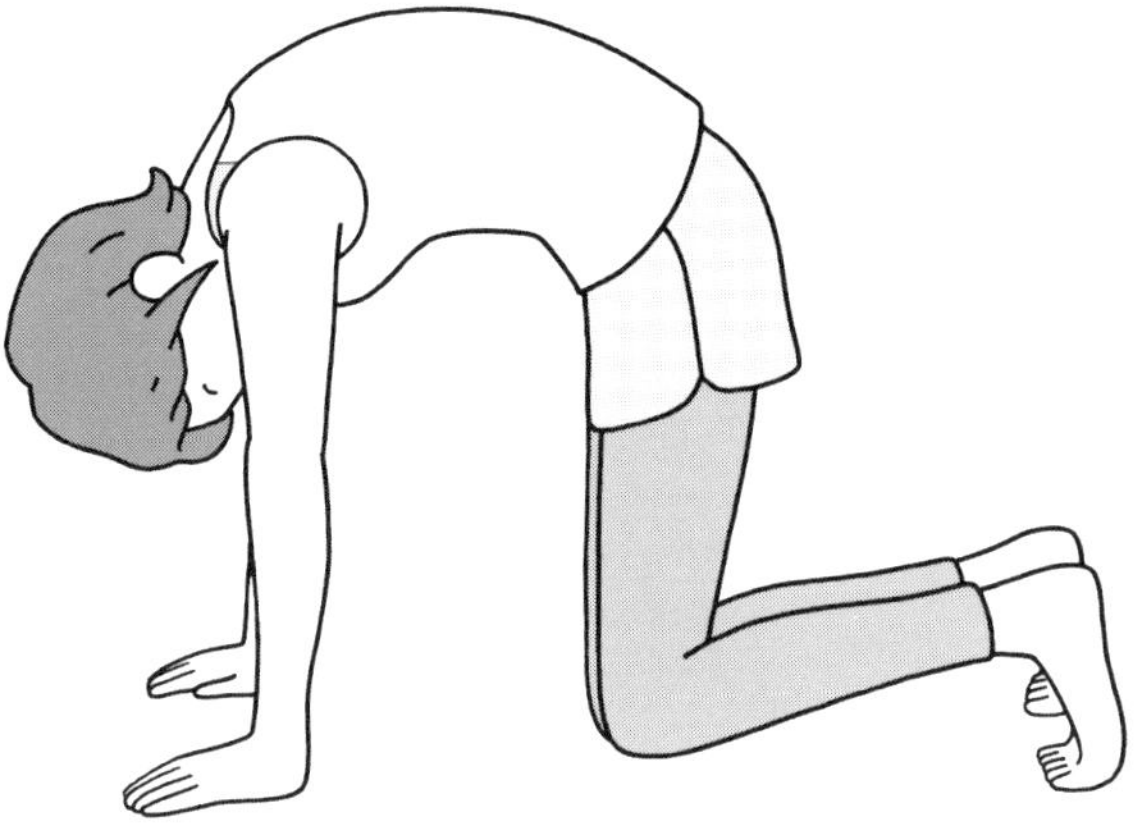

肩の真下に手のひらを、股関節の真下にひざをついて四つんばいになる。
背中を丸め、その体勢のまま、息を鼻から５秒吸って、口から５秒かけて吐く。
この呼吸を３〜５回繰り返す。

ナニ効く？ドコ効く？

呼吸をするときに使うインナーユニット（お腹の上側にある横隔膜、お腹の下側にある骨盤底筋、お腹をぐるりと囲む腹横筋、背骨に沿って伸びる多裂筋）と、大腰筋が一緒に鍛えられます。

しっかり呼吸をすることで内臓をマッサージし、お腹も引き締めます。

上半身の筋トレ

02

横座りひねり体操

背中とお腹まわりの筋トレ

①

両ひざを右に倒して
横座りする。

②

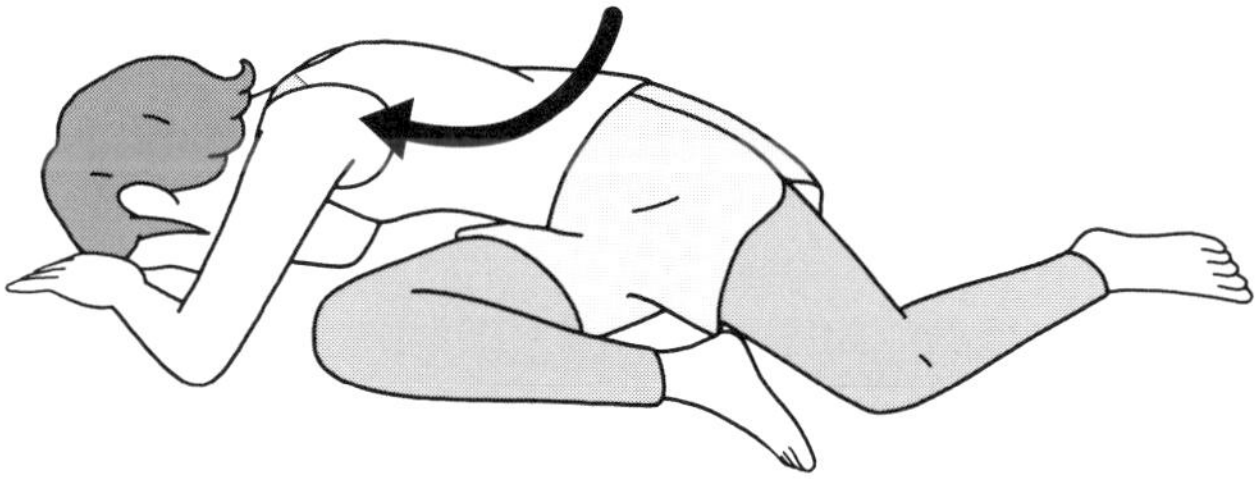

体を右斜め後ろにひねって上体を倒し、
床に両ひじをつき、額も床に近づける。
その体勢のまま、10〜20秒間、ゆっく
り呼吸をする。
反対側も同様に行う。

ナニ効く？ドコ効く？

体をひねった状態でゆっくり呼吸することで、呼吸をするときに使うインナーユニットをはじめ、背骨まわりの筋肉や、体芯のインナーマッスルを鍛えます。

片方ずつお尻の筋肉が伸び、そこにつながっている股関節の動きもよくします。

下半身の筋トレ

03

足またぎ腰ひねり体操

大腰筋の筋トレ

①

両足をまっすぐに伸ばして座り、両手を後ろにつく。

②

右足を持ち上げ、ゆっくりと腰をひねって左足をまたぎ、またゆっくり元の体勢に戻る。ひねるときは、みぞおちからひねるように意識する。

右足を５〜10回行ったら、左足も同様に行う。

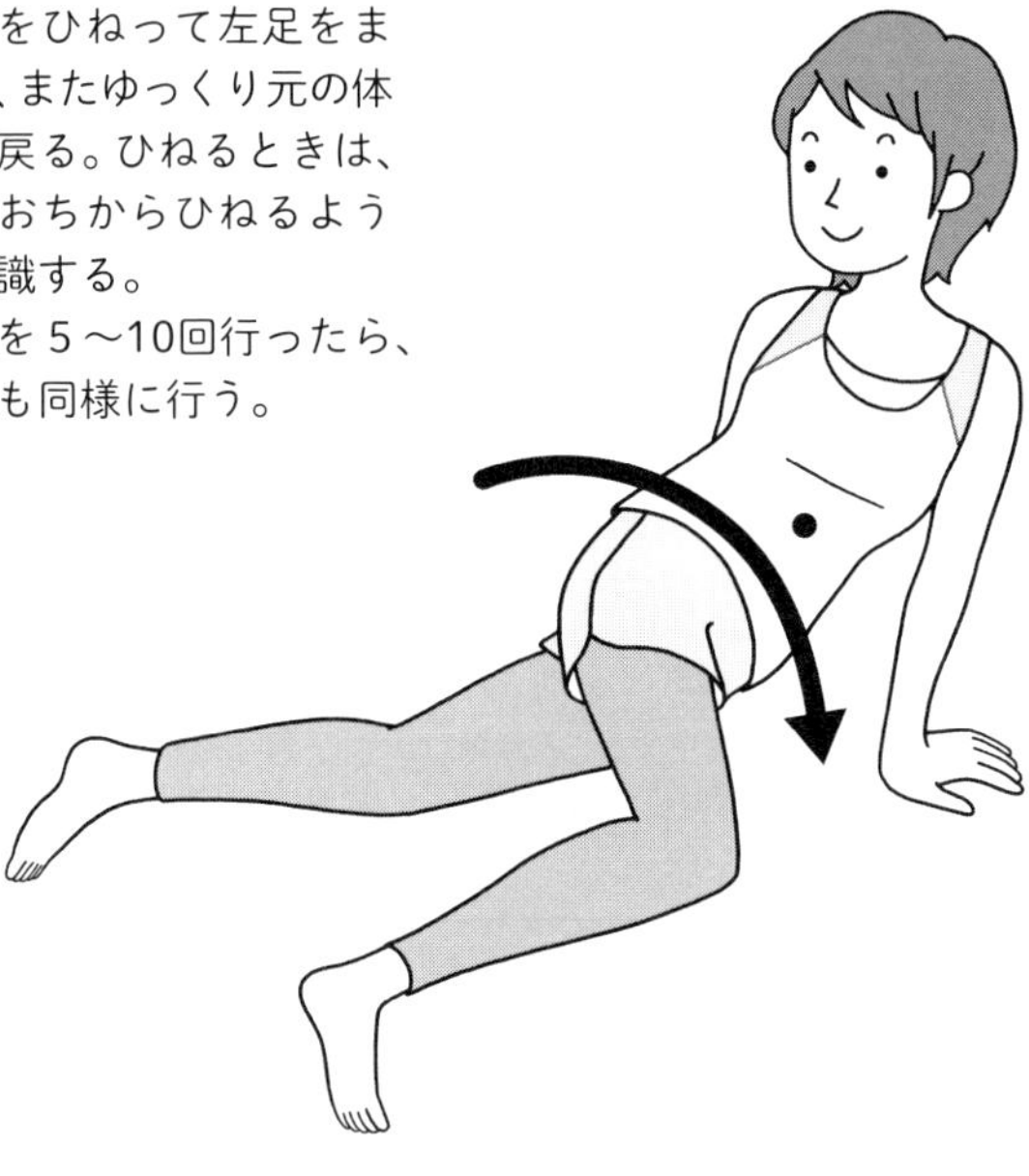

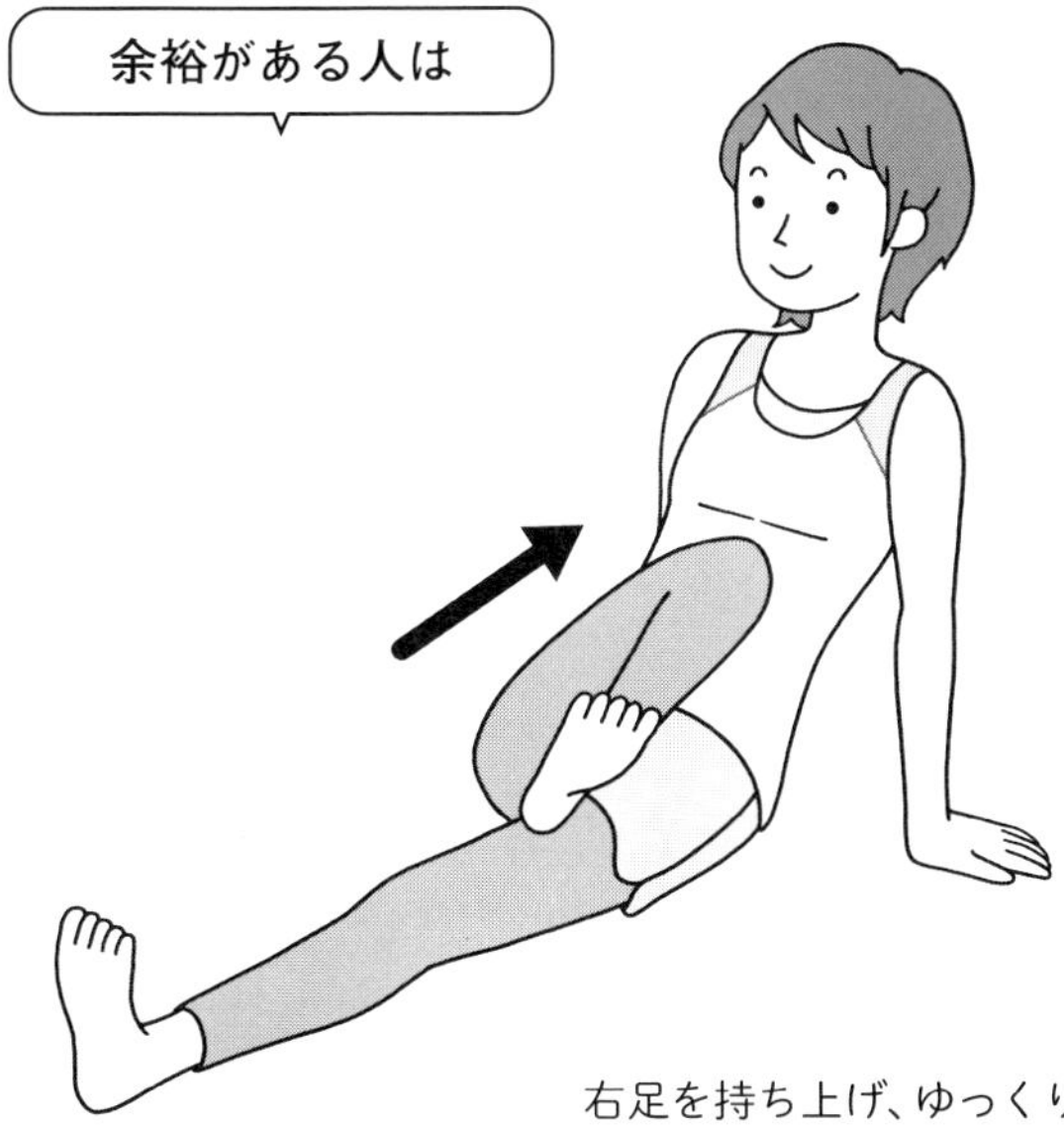

右足を持ち上げ、ゆっくりと腰をひねって左足をまたぎ、
その状態から、右のももをお腹に近づけたり離したりを５～10回繰り返す。
反対側も同様に行う。

ナニ効く？ドコ効く？

もっとも重要なインナーマッスルである大腰筋を鍛える、代表的なトレーニングです。

背骨を動かすことで大腰筋が一緒に動き、体芯力を養います。

余裕がある人は、前ももをお腹に近づけたり離したりする動きにより、太ももとお尻の筋肉も同時に鍛えられます。

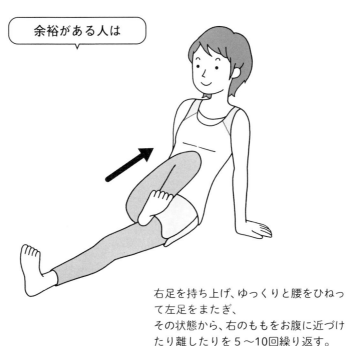

下半身の筋トレ

04

お尻歩き体操（その1）

大腰筋・腰まわりの筋トレ

①

背筋を伸ばし、足を肩幅より少し大きく開いて座る。肩と腰を押し出すように左右交互に体をひねり、お尻を浮かせて６歩前進する。

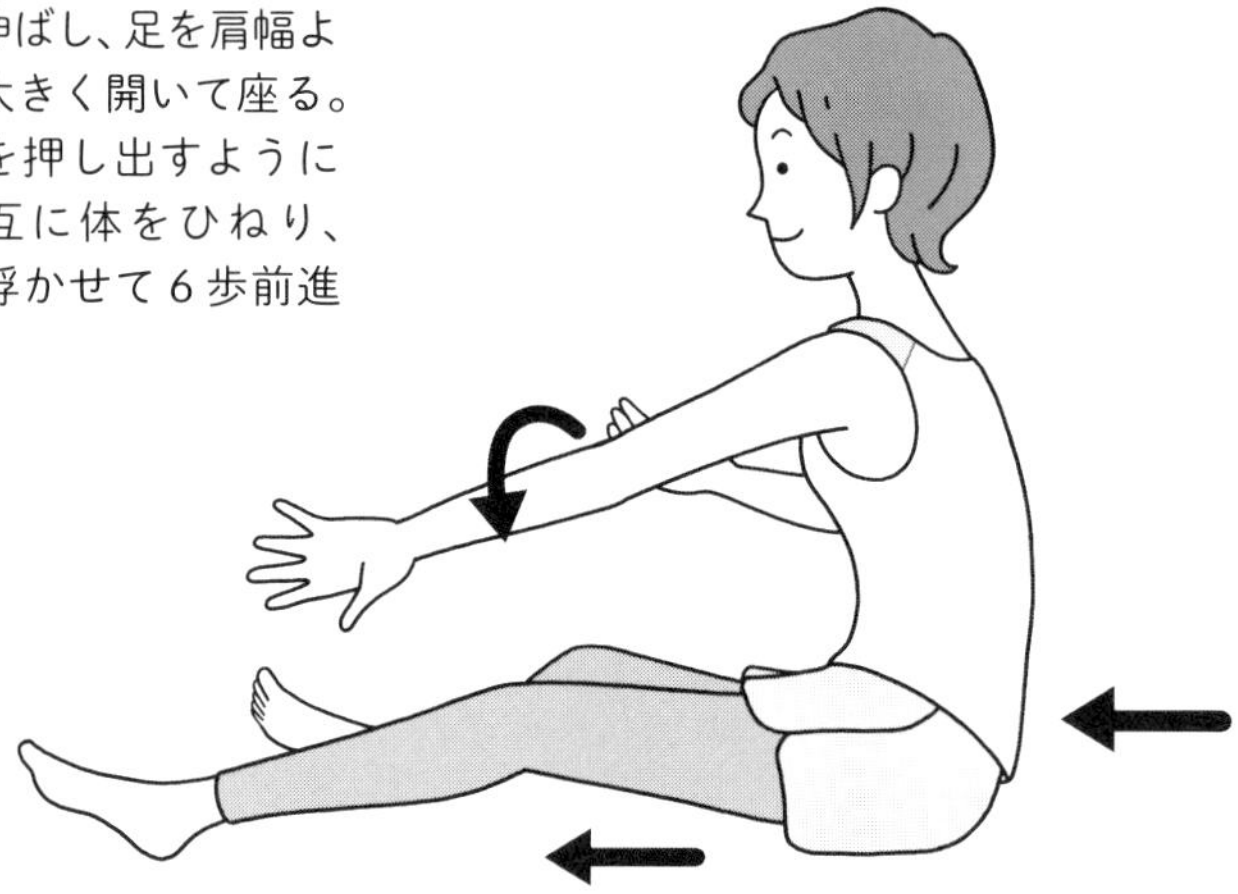

左足を前に出したら左腕を内側にひねりながら前に出し、右腕はひじを引きながら外側にひねる。反対も同様に行いながら、お尻で前に歩いていく。

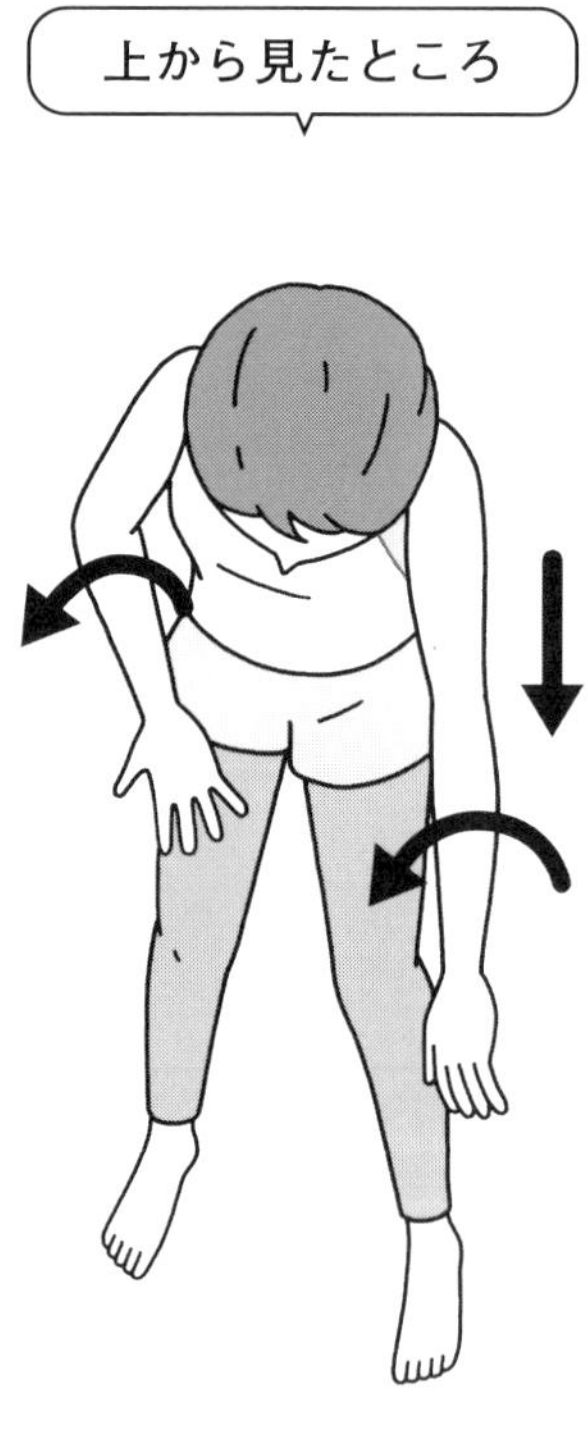

②

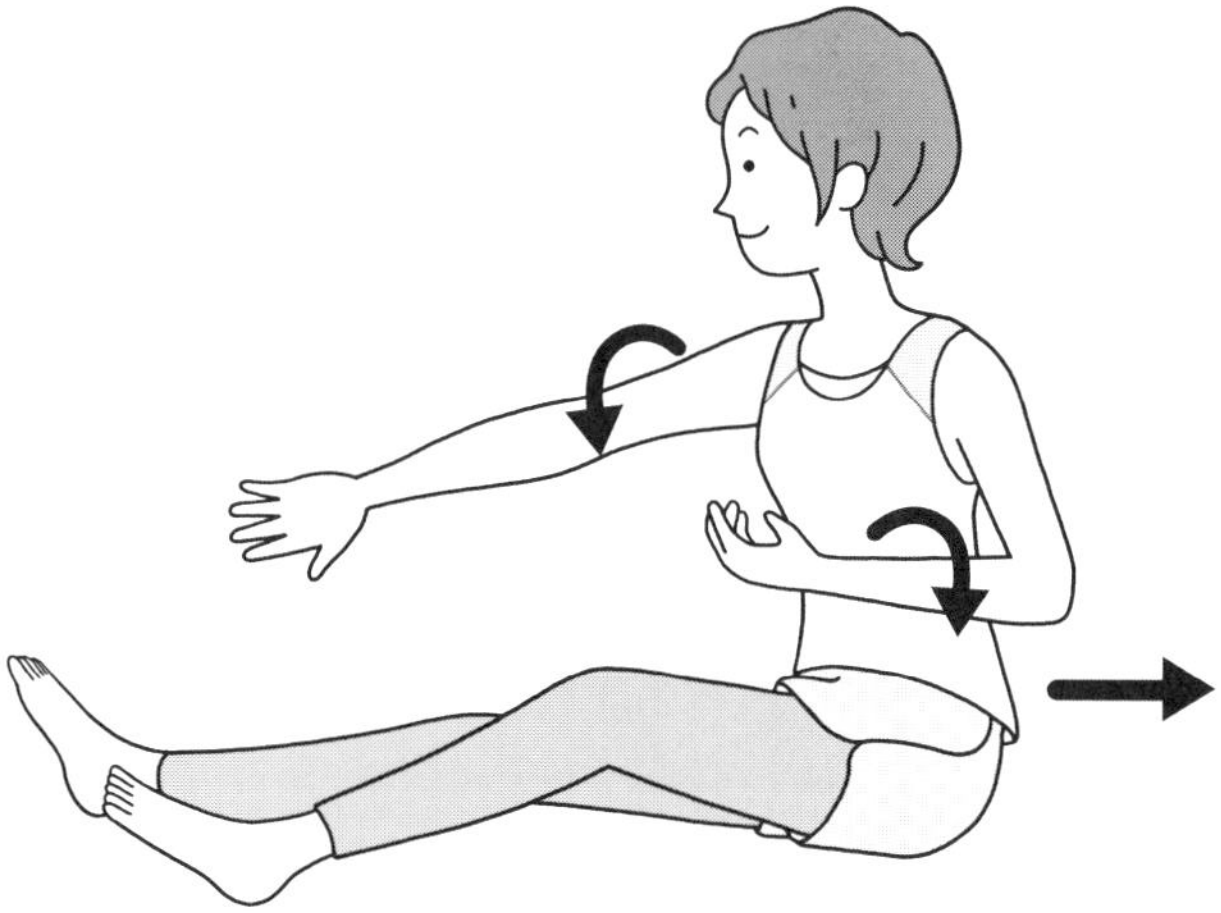

前進と逆の動きで後退する。左足を後ろに引いたら左腕を外側にひねりながらひじを引き、右腕は内側にひねりながら前に出す。反対も同様に行いながら、お尻で後ろに６歩歩く。

ナニ効く？ドコ効く？

胴体を大きくひねりながら、大腰筋と腰まわりの筋肉を中心にはたらきかける「お尻歩き体操」は、２パターンあります。

その１は、同側の肩と腰を出して進むやり方。腕にもひねりをくわえることで、肩甲骨まわりの筋肉にも効果があります。

前進と後退で使う筋肉が微妙に異なるので、どちらも同じようにできるようにしていきましょう。

05

お尻歩き体操（その2）

大腰筋・腰まわりの筋トレ

①

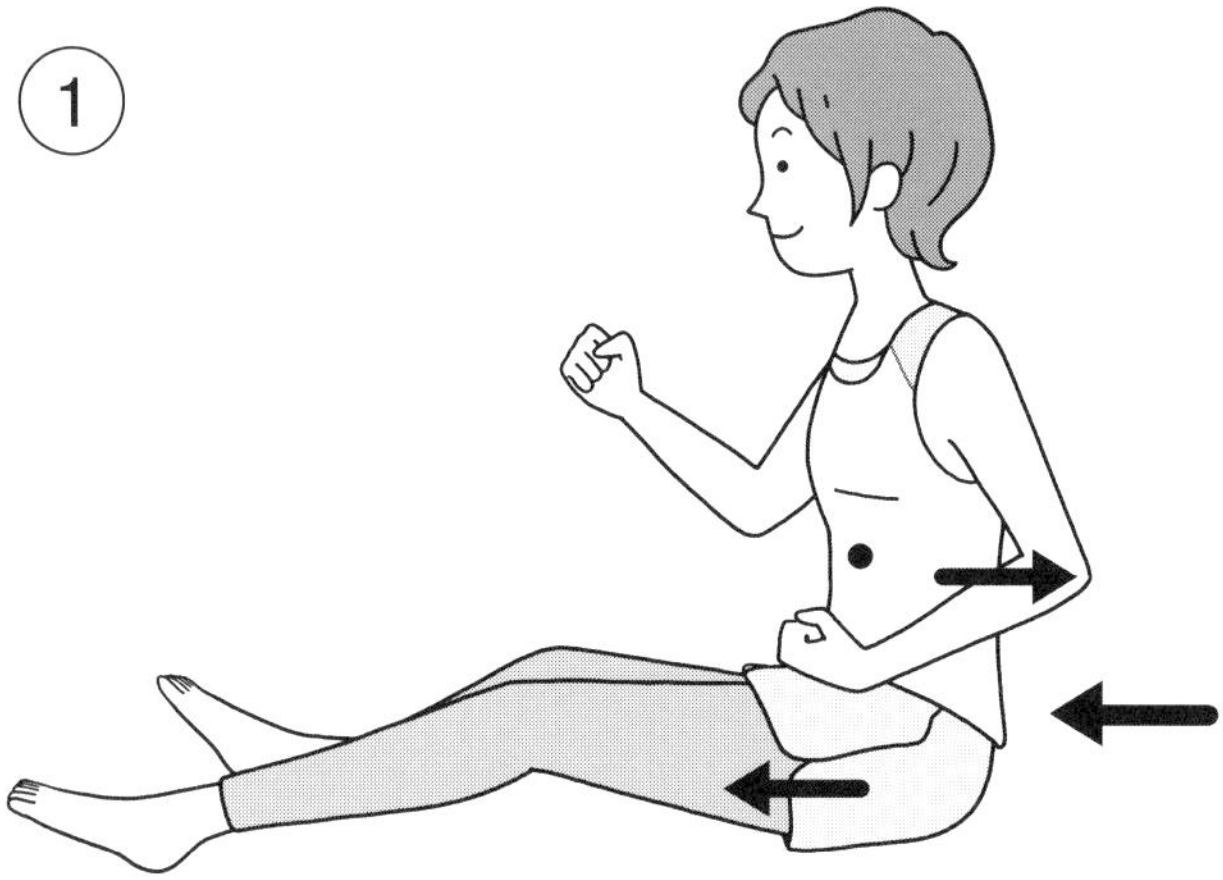

背筋を伸ばし、足を肩幅より少し大きく開いて座る。
通常の歩行のように、左足を前に出したときは左のひじを、右足を前に出したときは右のひじを引きながら、お尻で６歩前進する。お尻を浮かせて足を前に出すときは、みぞおちから腰をひねるように意識する。

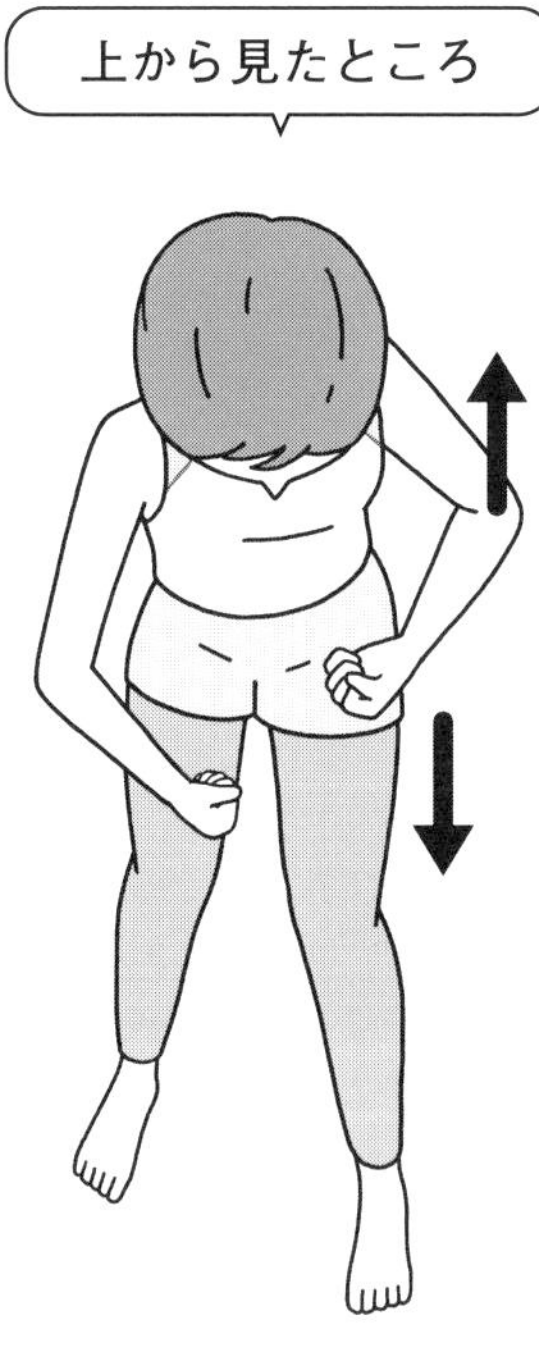

②

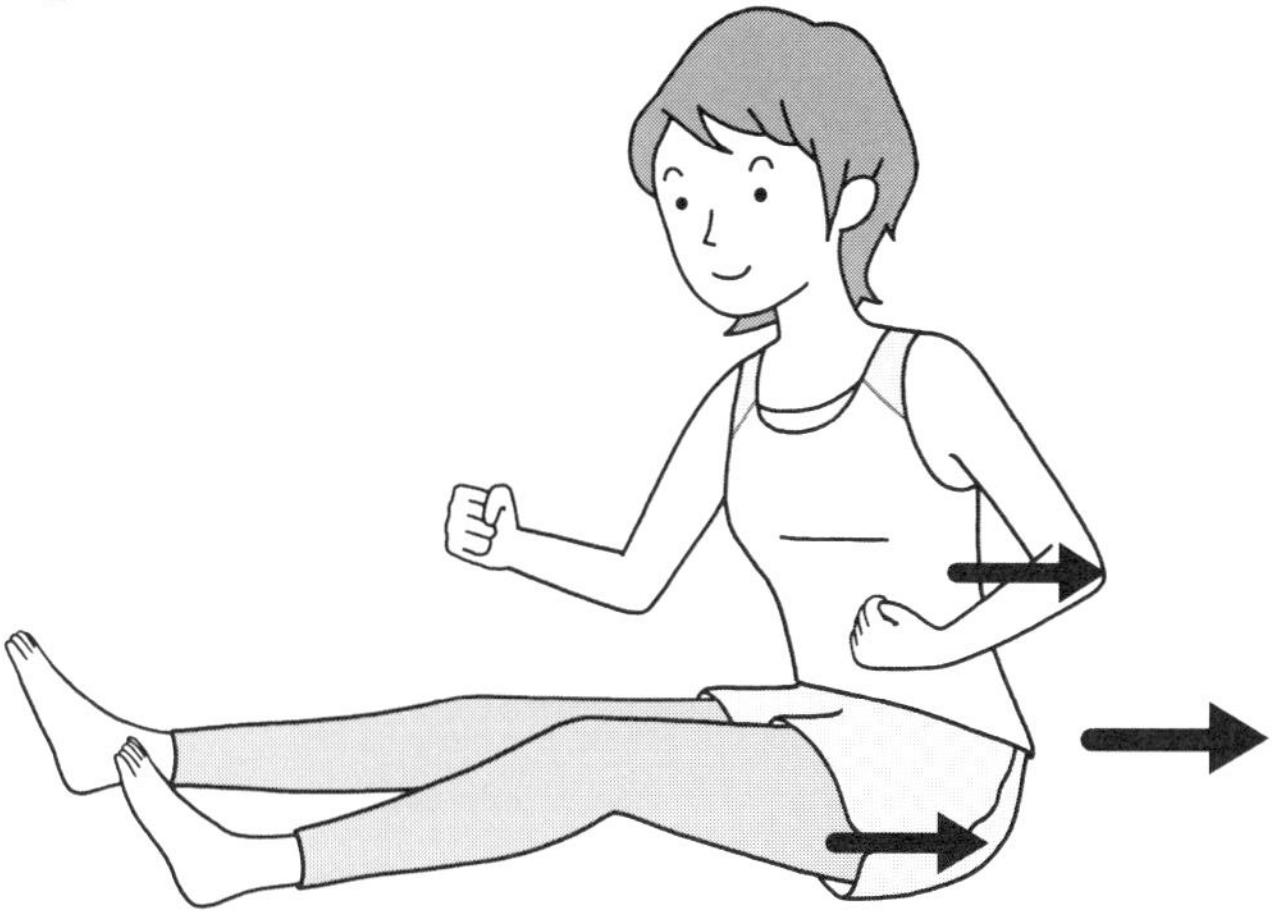

後退するときは通常の歩行とは違い、後ろに引いた足と同じ側のひじを引きながら、お尻で後ろに歩く。6歩後退する。

ナニ効く？ドコ効く？

「お尻歩き体操」のその2は、反対側の肩と腰を同時に動かして進むやり方です。

大腰筋と腰まわりの筋肉に加え、背中まわりの筋肉にも効きます。その1とその2、前進と後進では使う筋肉が微妙に異なるので、すべてバランスよくできるようになるのが理想。運動神経が鍛えられ、体をうまく動かせるようになります。

全身の筋トレ

06

手足上げ下げ体操

大腰筋・お腹まわりの筋トレ

①

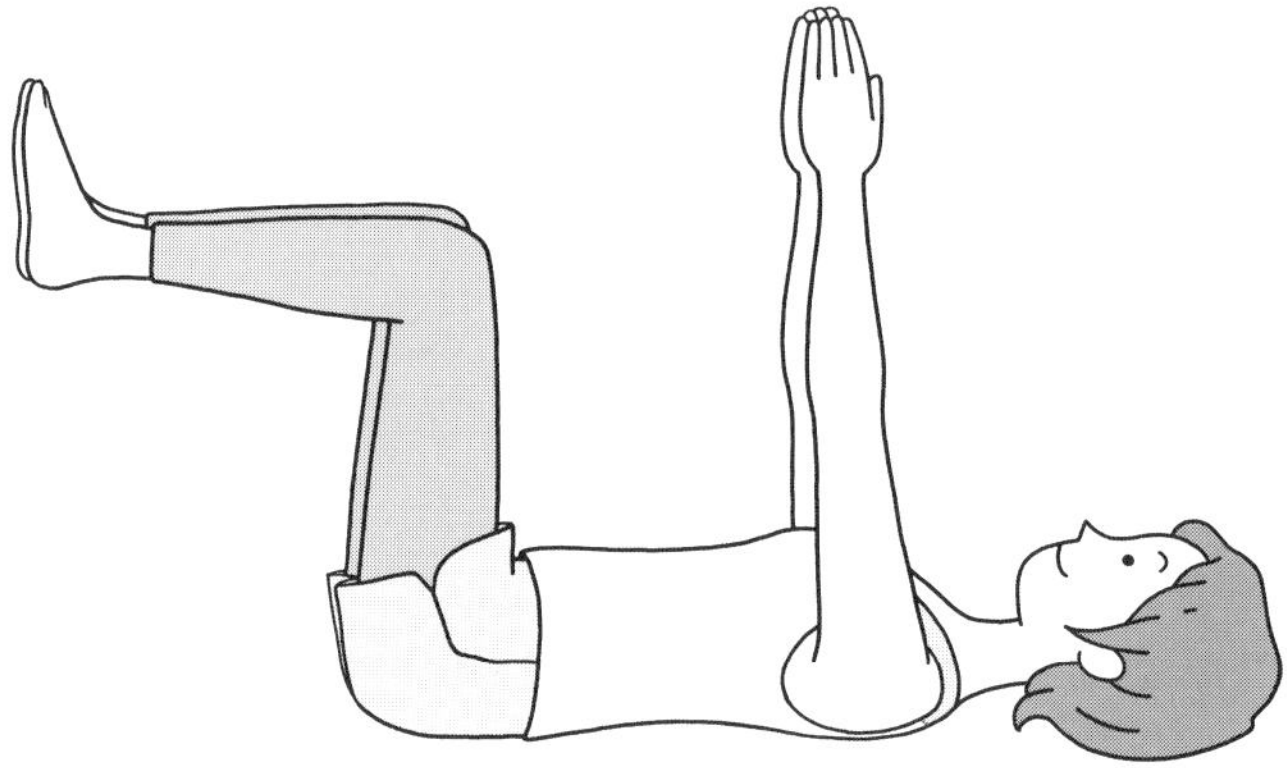

仰向けになって、両腕をまっすぐに上げる。足は腰、ひざ、足首が90度になるように上げる。

②

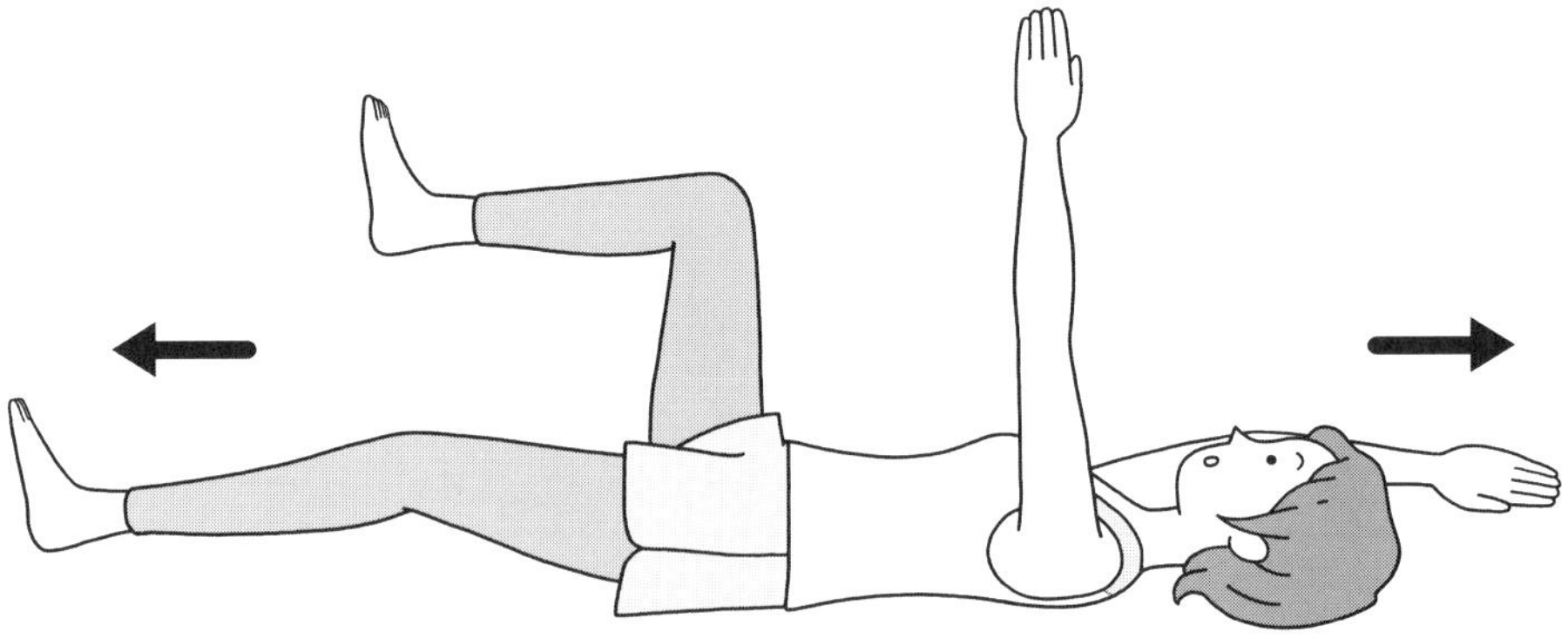

息を５秒吸う。息を５秒かけて吐きながら、右腕と左足を伸ばしていき、息を吐ききるまでに①の体勢に戻る。
腕も足も床につかないように注意する。

③ 同様に反対側も行う。
②と③を3〜5回繰り返す。

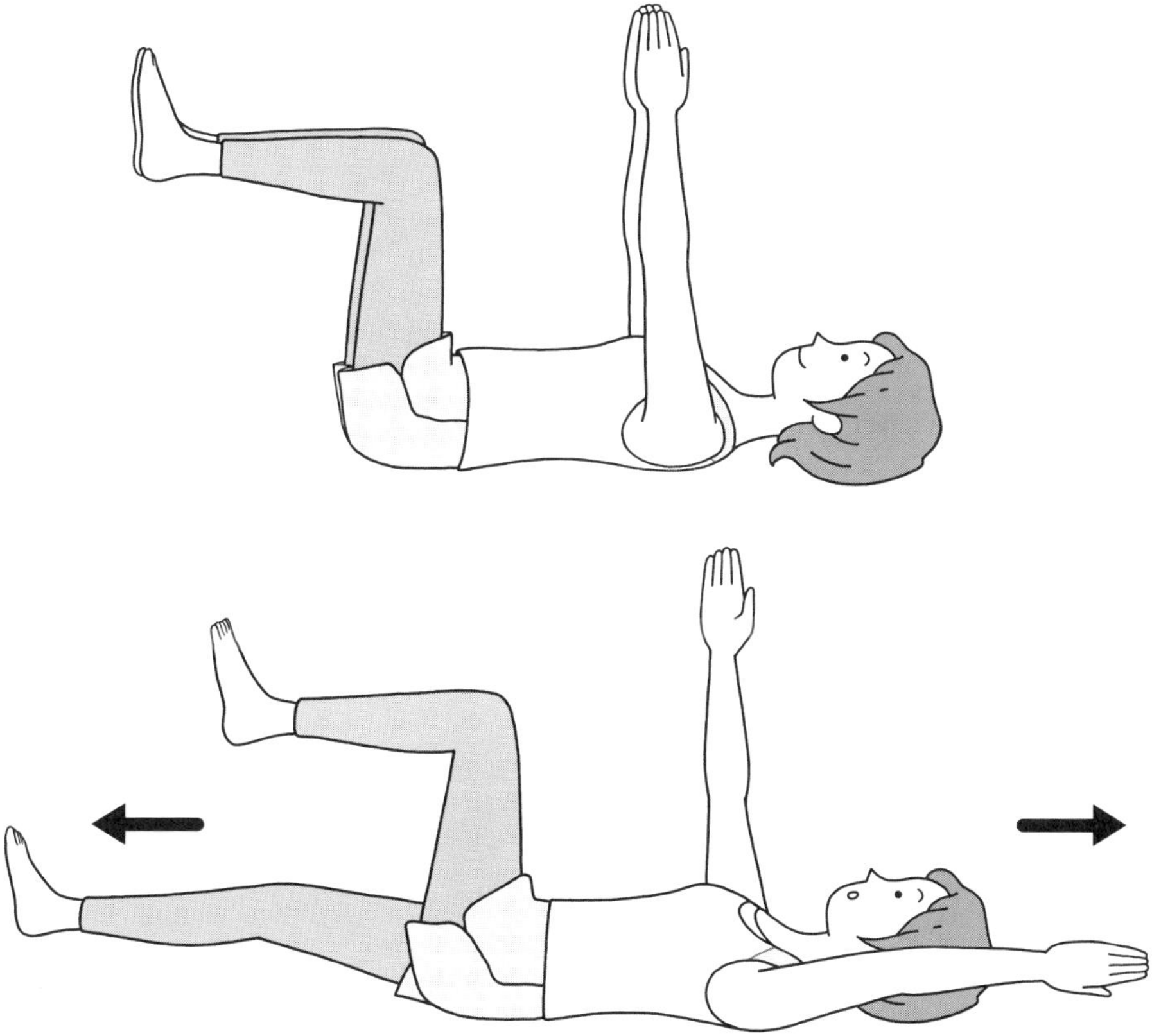

ナニ効く？ドコ効く？

手足を大きく動かす体操ですが、手足を支えているのは、実は大腰筋と腹横筋です。

右腕と左足を同時に動かす対角線の動きは、人間の動作の基本といわれています。この動きを繰り返すことで体芯力をつけ、体幹を安定させていきましょう。

全身の筋トレ

07

両ひざ倒し半円体操

大腰筋の筋トレ

①

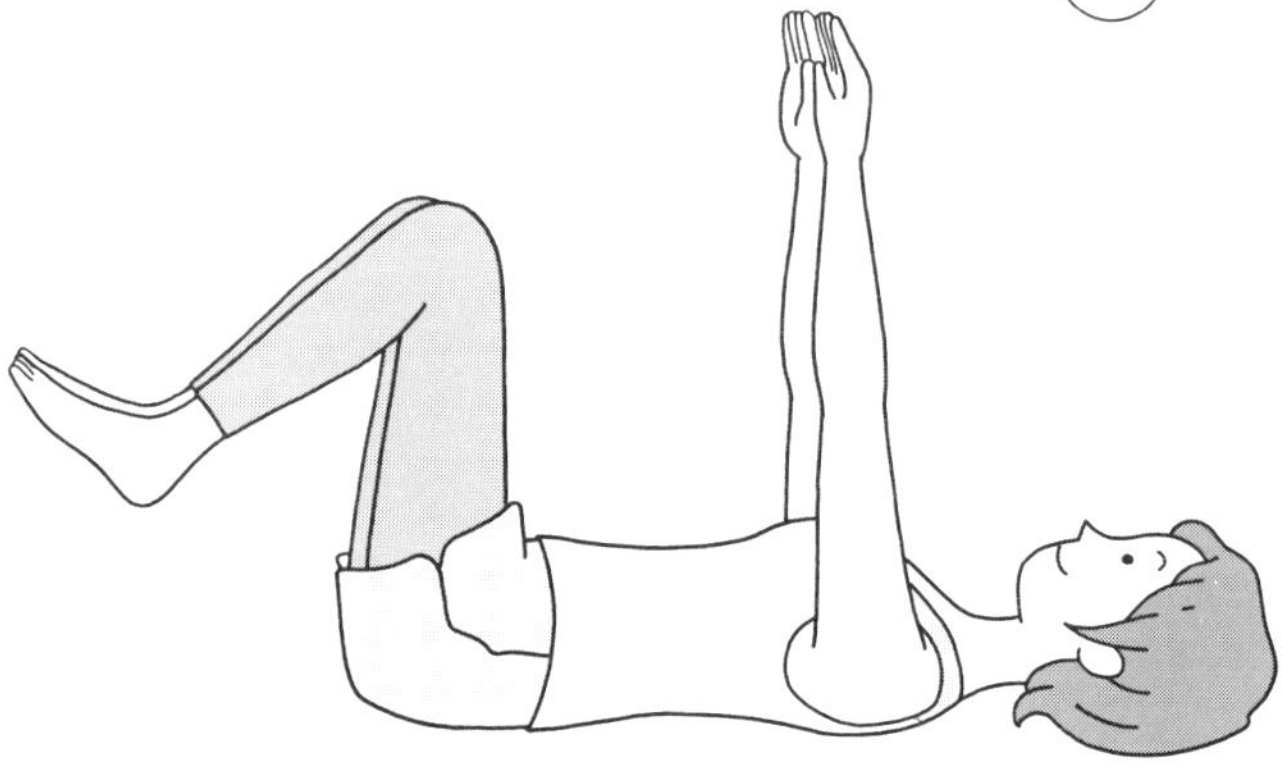

仰向けになって、両腕をまっすぐに上げ、足は両ひざを揃えて持ち上げる。

②

両ひざを右に倒しながら、左腕は頭の側へ、右腕は足側へ、それぞれ腕を内側にひねりながら、半円を描くように床に下ろしていく。

③

続けて反対側も行う。

右腕と左腕は、体を中心にそれぞれ半円を描くように上げ下げする。

左右交互に5回ずつ行う。

ナニ効く？ドコ効く？

体芯力を養うのに効果的な動きをふんだんに取り入れた、全身体操です。

人間の体にとって無理のない自然なひねりの動きを続けながら、大腰筋をどんどん動かしていきましょう。

上半身と下半身、右腕と左腕を別々に動かすことで、運動神経も鍛えられます。

08

寝返り体操

大腰筋・広背筋の筋トレ

①

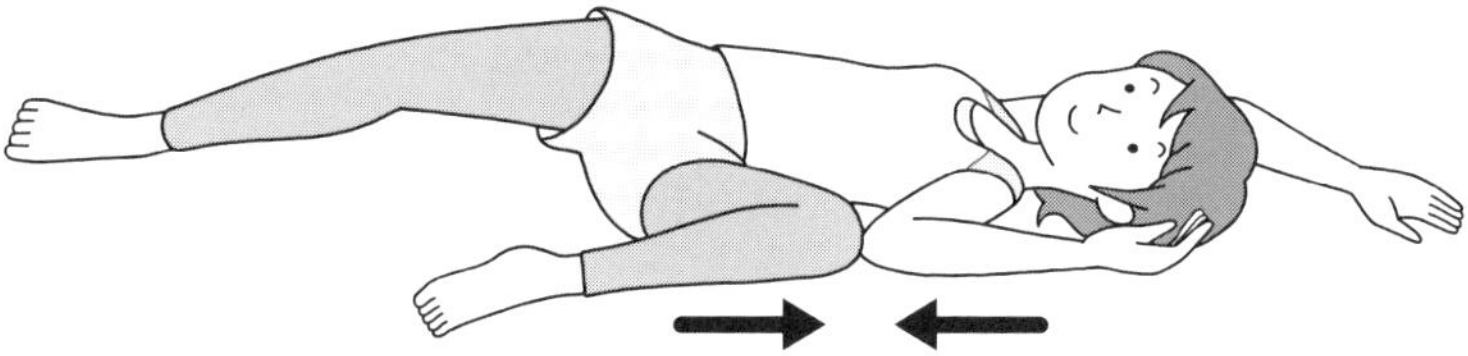

腕を頭の上に伸ばして仰向けになり、左ひじと左ひざをくっつける。
右の体側が伸び、左の体側が縮んでいることを意識する。

②

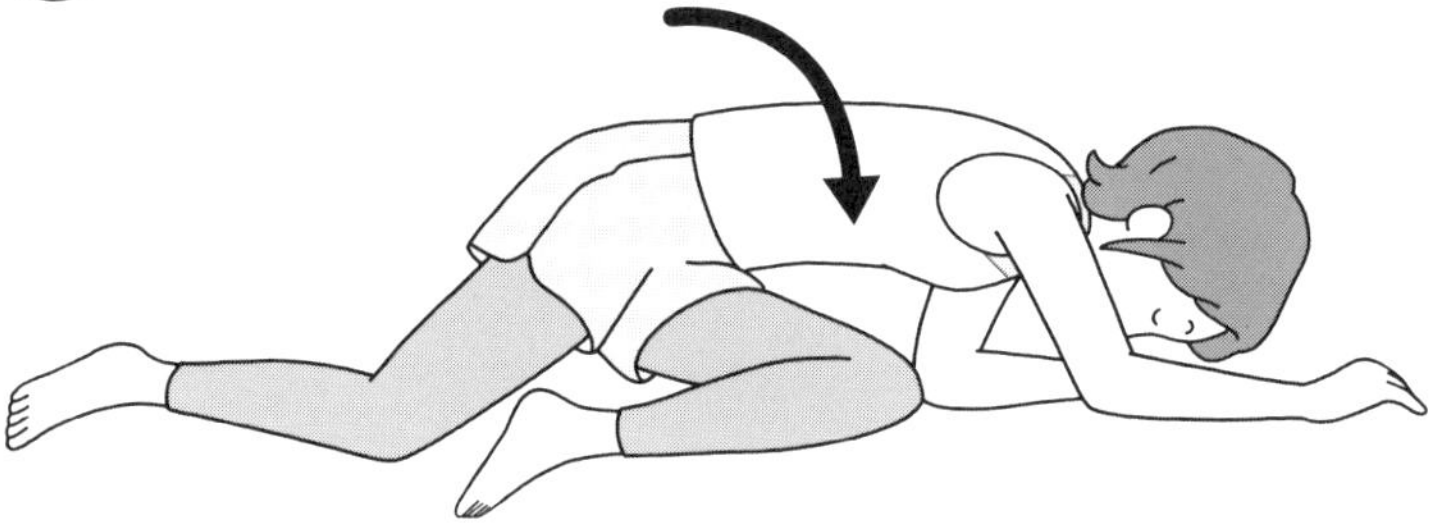

体をひねって両ひじが床につくまで起き上がる。
反対側も同様に行う。
左右交互に3～５回ずつ行う。

ナニ効く？ドコ効く？

体をひねって起き上がることで、大腰筋と広背筋が鍛えられます。頭をぐるりと動かすことで三半規管も鍛えられ、バランス感覚や空間認知能力が向上します。

結果的に、体を動かすとき、周囲にぶつかったり、転んだり、倒れたりする危険性を減らすことができます。

全身の筋トレ

09

赤ちゃん体操

お腹まわり・大腰筋・背中の筋トレ

① 仰向けになって両手両足を上げる。
足はひざを曲げる。

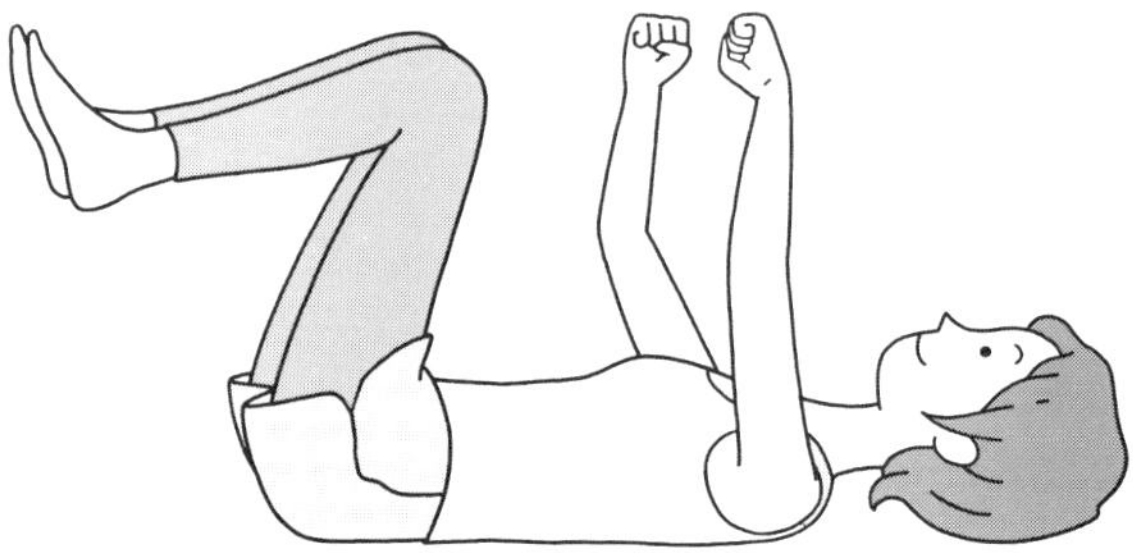

②

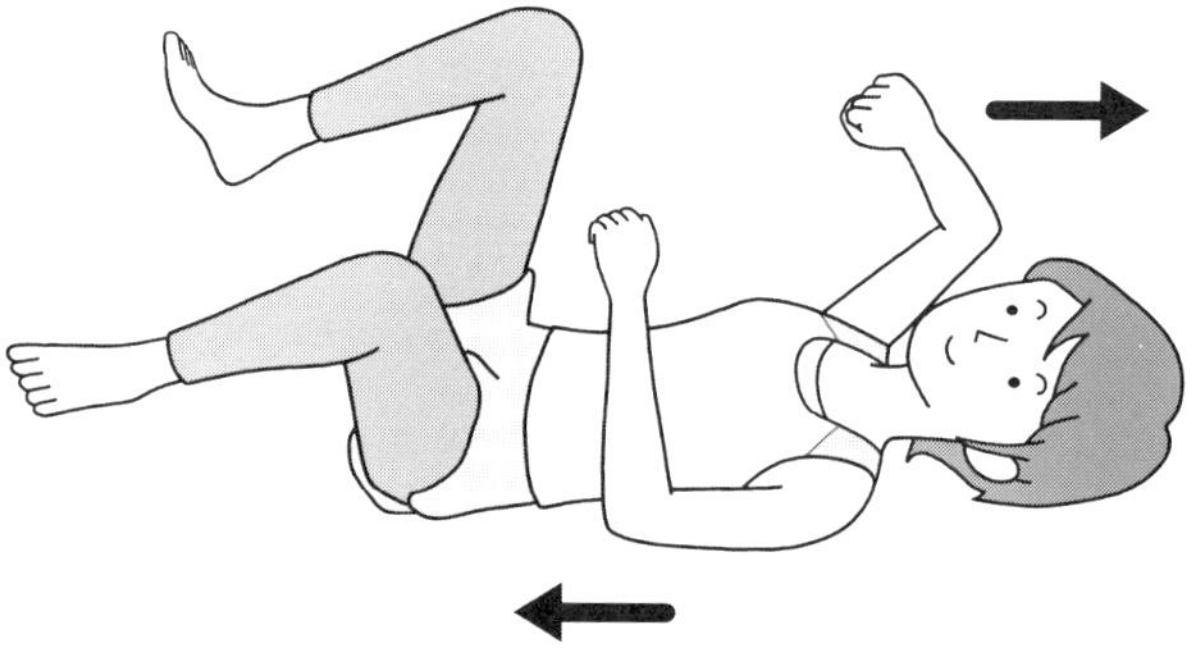

この体勢のまま、ひじと肩を回し、腰も使って体を左右に揺らしながら、頭のほうに進んでいく。
６歩前進したら、同様に体を左右に揺らしながら、足のほうに6歩下がっていく。

ナニ効く？ドコ効く？

両手足を上げて、体幹を使って前進後退するトレーニングです。手足を使えない状態にして、強制的に大腰筋やお腹まわりの筋肉、背中まわりの筋肉を動かします。

名前は「赤ちゃん体操」ですが、難易度と運動強度は高め。ただし、けがのリスクは低いので、運動に自信がない人も、安心してチャレンジしてみてください。

Part 4

イスに座って行う「体芯力」全身体操

＼ 鈴木亮司のレッスン動画 ／

下記のURLにアクセスするか、QRコードを読み取ってください。
一緒に［イスに座って行う「体芯力」全身体操］をしましょう！

動画 URL
https://youtu.be/_y22kda5-yU

01
肩甲骨を寄せる体操

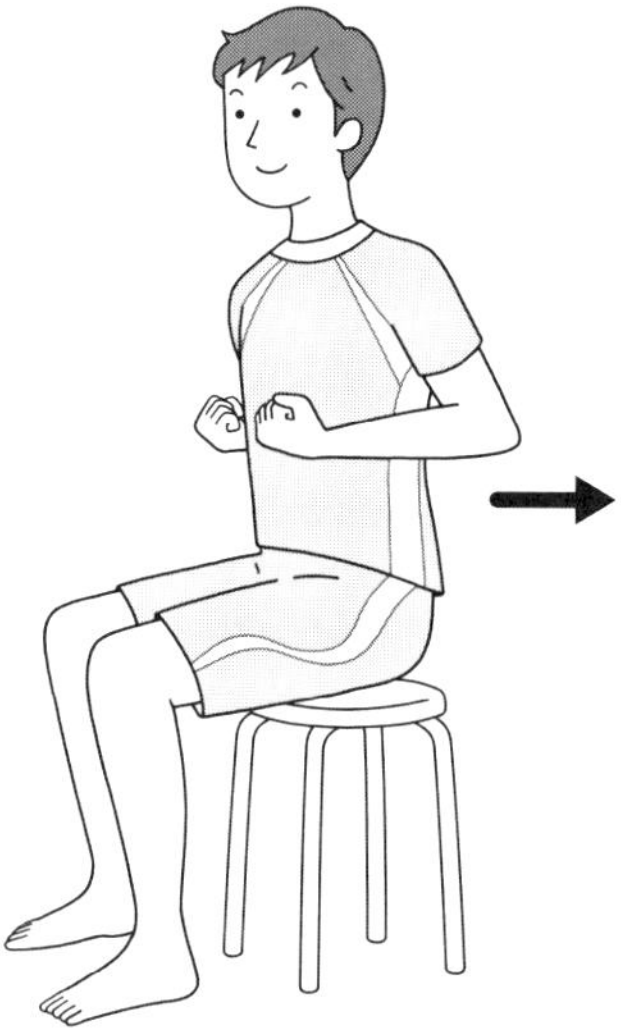

04
背骨曲げ伸ばし体操

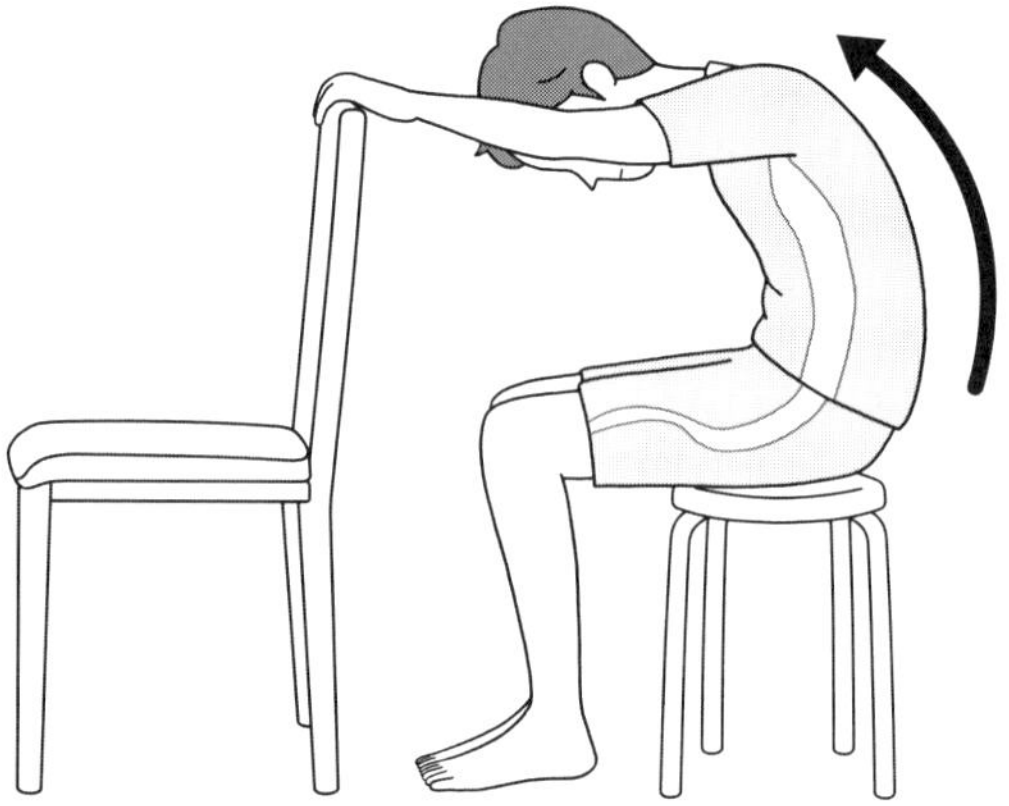

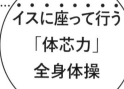

02
体側伸ばし体操

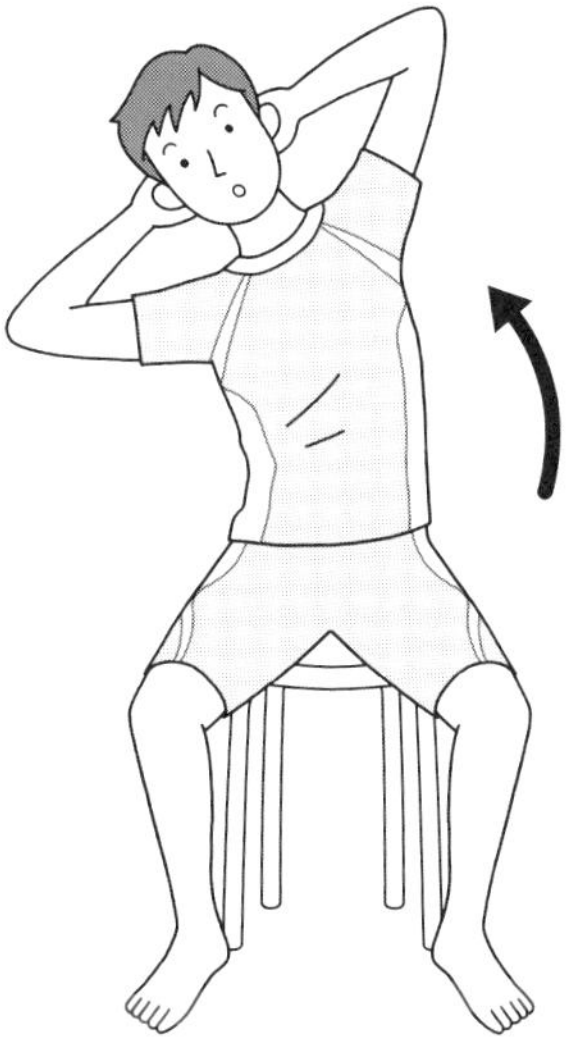

03
水平横揺れ体操

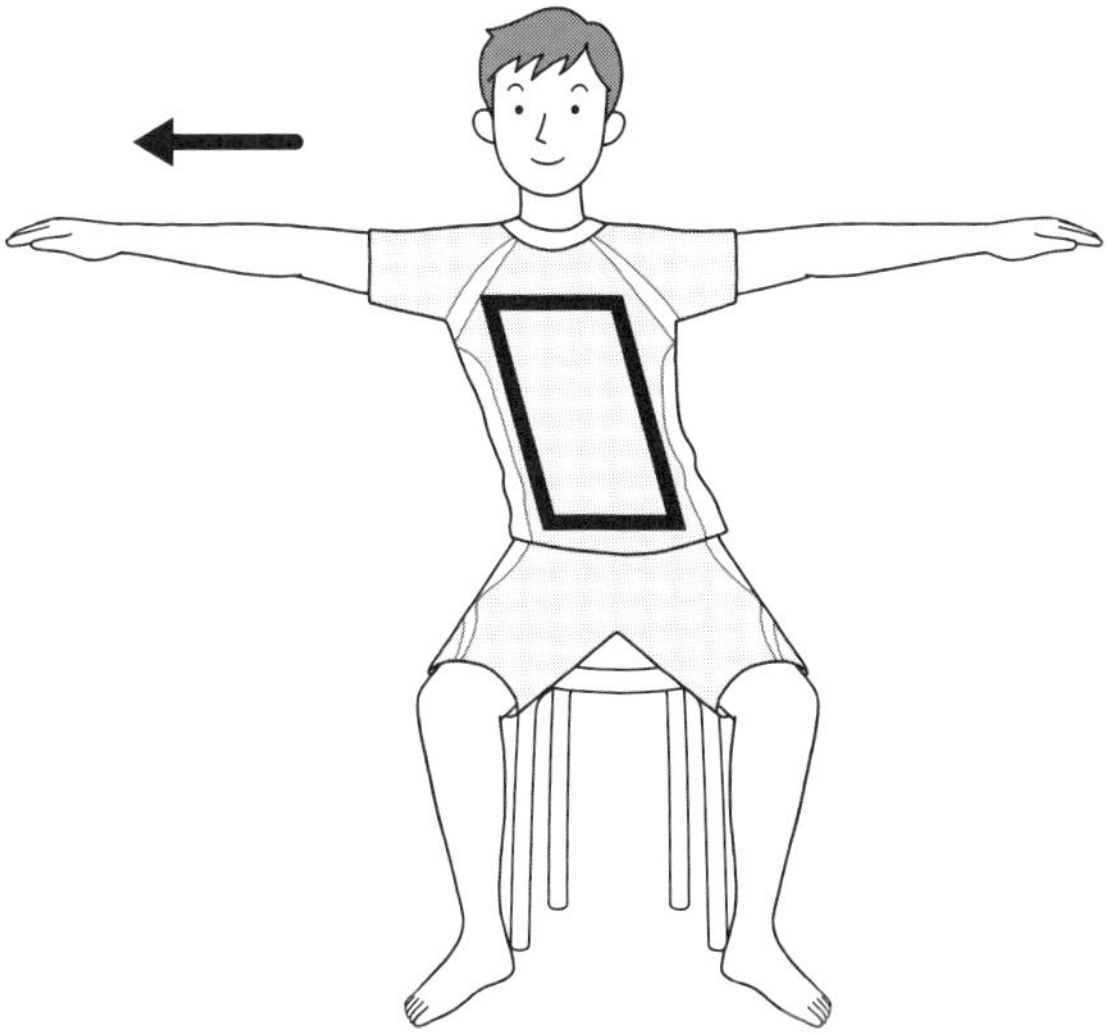

05
両足ひねり体操

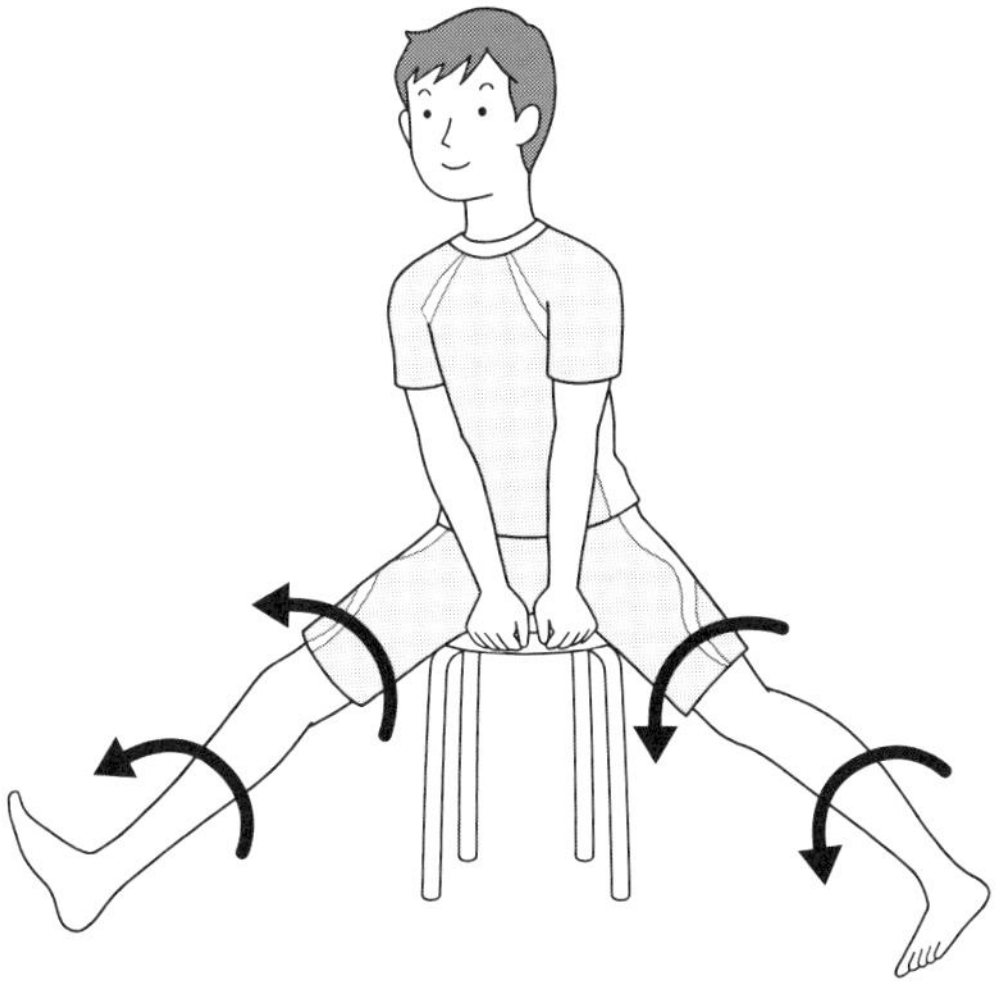

06
合掌ひねり体操

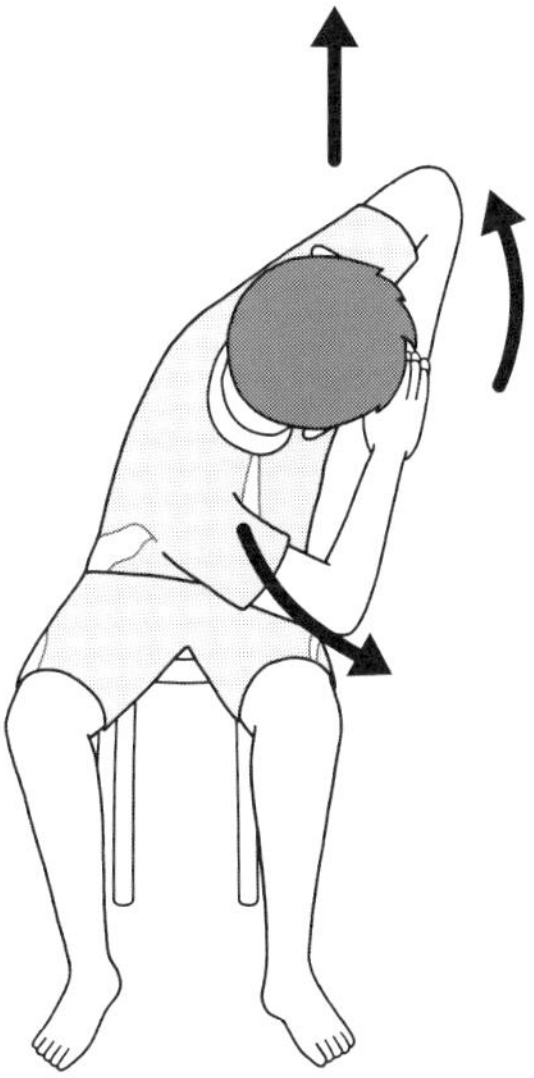

上半身の筋トレ

01

肩甲骨を寄せる体操

肩甲骨まわりの筋トレ

①

腕は体につけ、ひじから下を床と平行にし、手のひらを開いて上に向ける。

②

手を握りながら、両ひじを後ろにぐっと引き、左右の肩甲骨を近づける。
ひじを引くときは、ひじの高さを変えず床と平行に。
肩甲骨を寄せたまま５秒間保ち、①の姿勢に戻る。
これを５回行う。

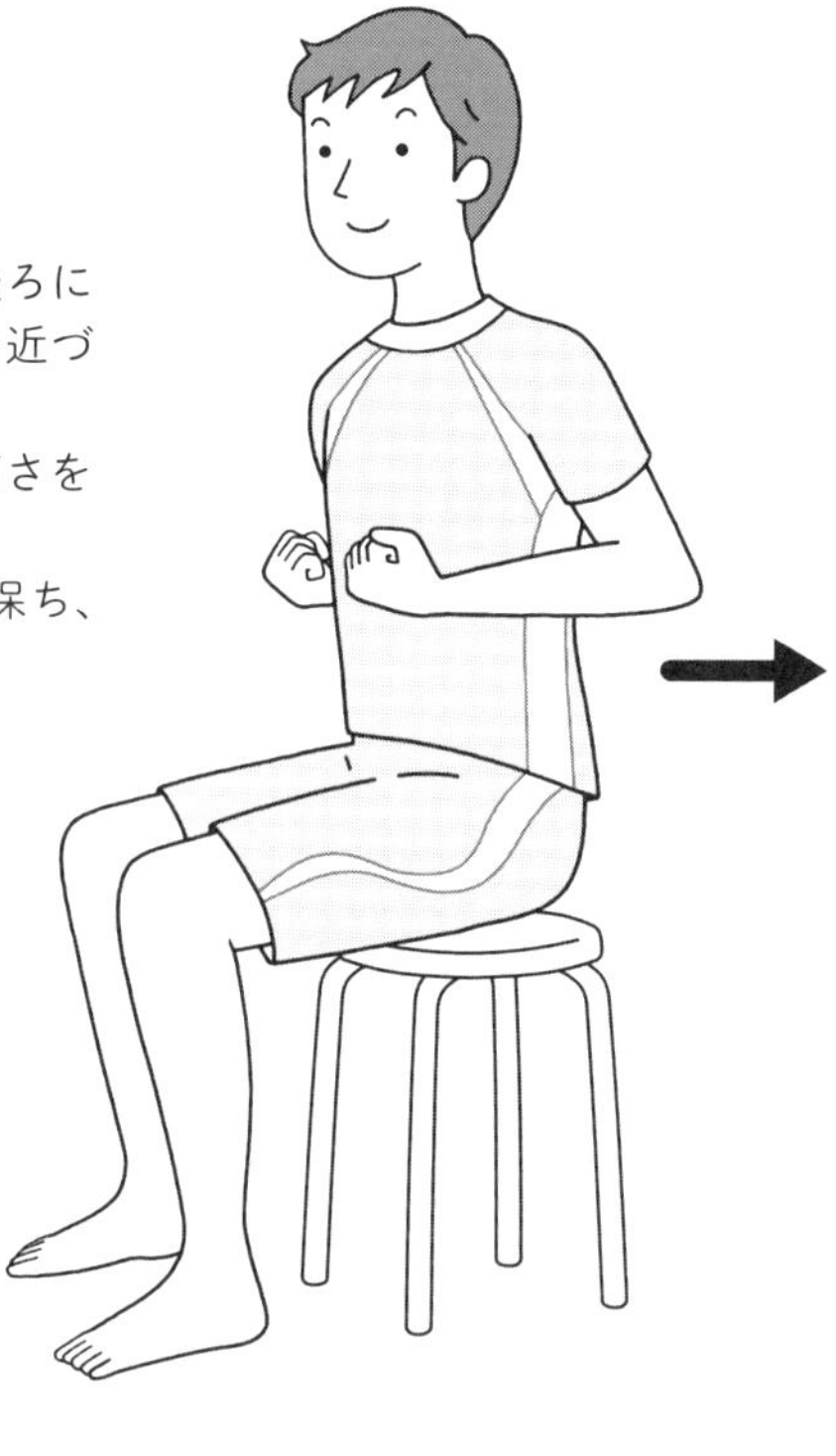

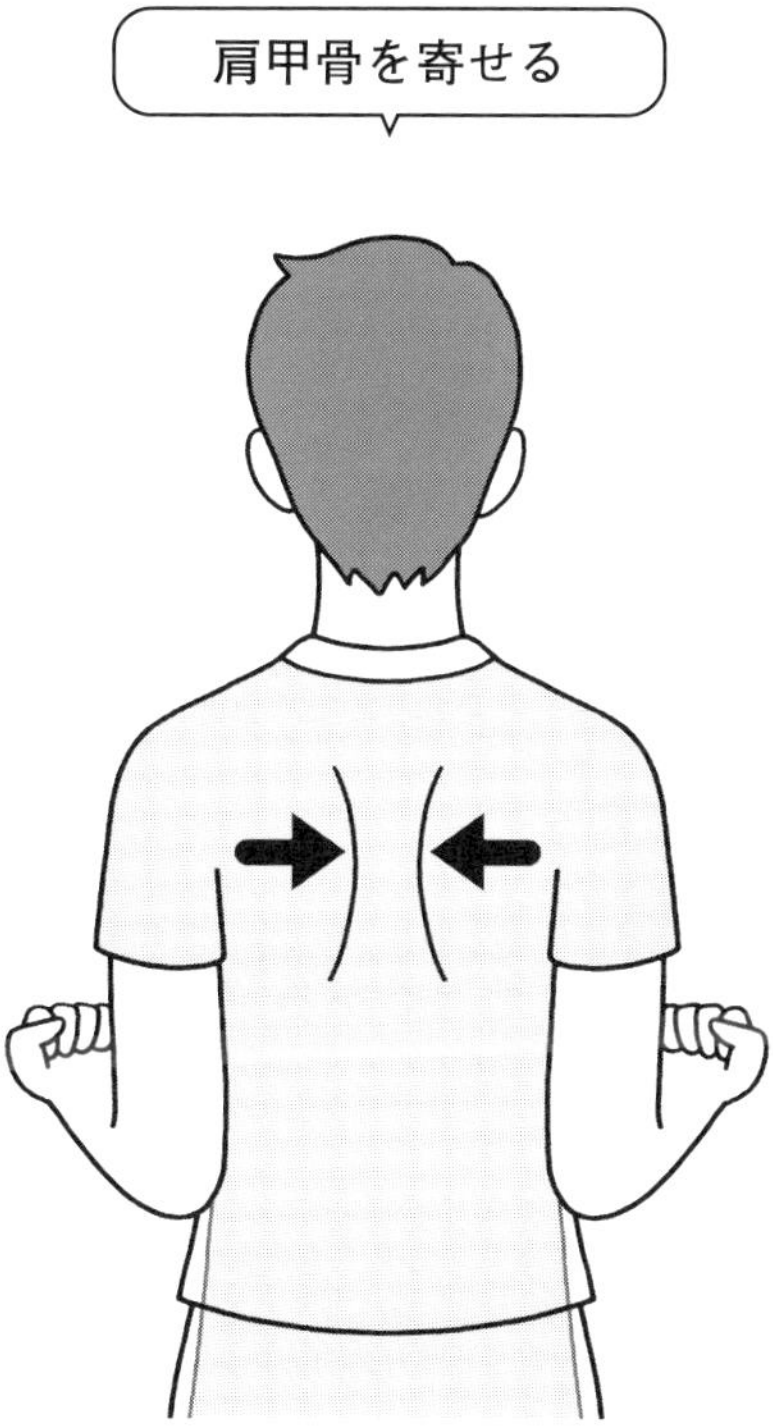

ナニ効く？ドコ効く？

中高年になると、腕が上がりにくい人が増えますが、主な原因は、胸の筋肉が縮んでいることと、背中が丸まることで肩甲骨が左右に広がってしまっていること。両ひじを後ろにぐっと引いて、両方の肩甲骨を、本来あるべき背骨の近くに戻しましょう。

この体操で腕の動きをよくしておくと、次の体操で腕が上がりやすくなります。

上半身の筋トレ

02

体側伸ばし体操

広背筋・大腰筋の筋トレ

①

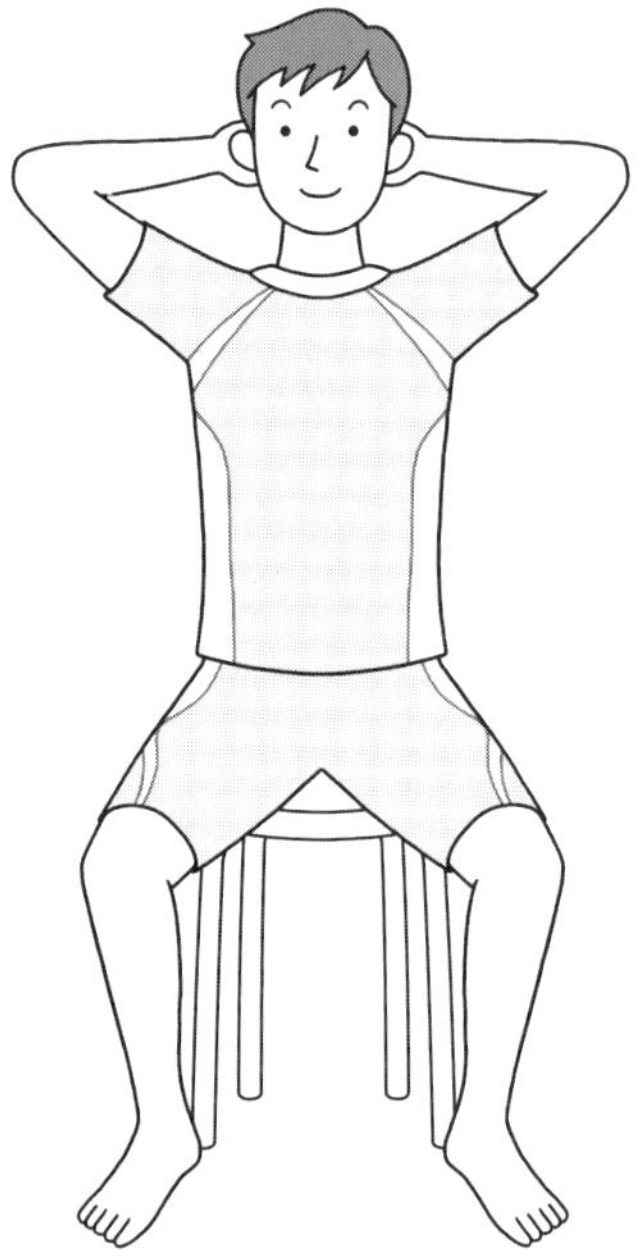

背筋を伸ばして座り、頭の後ろで手を組む。

②

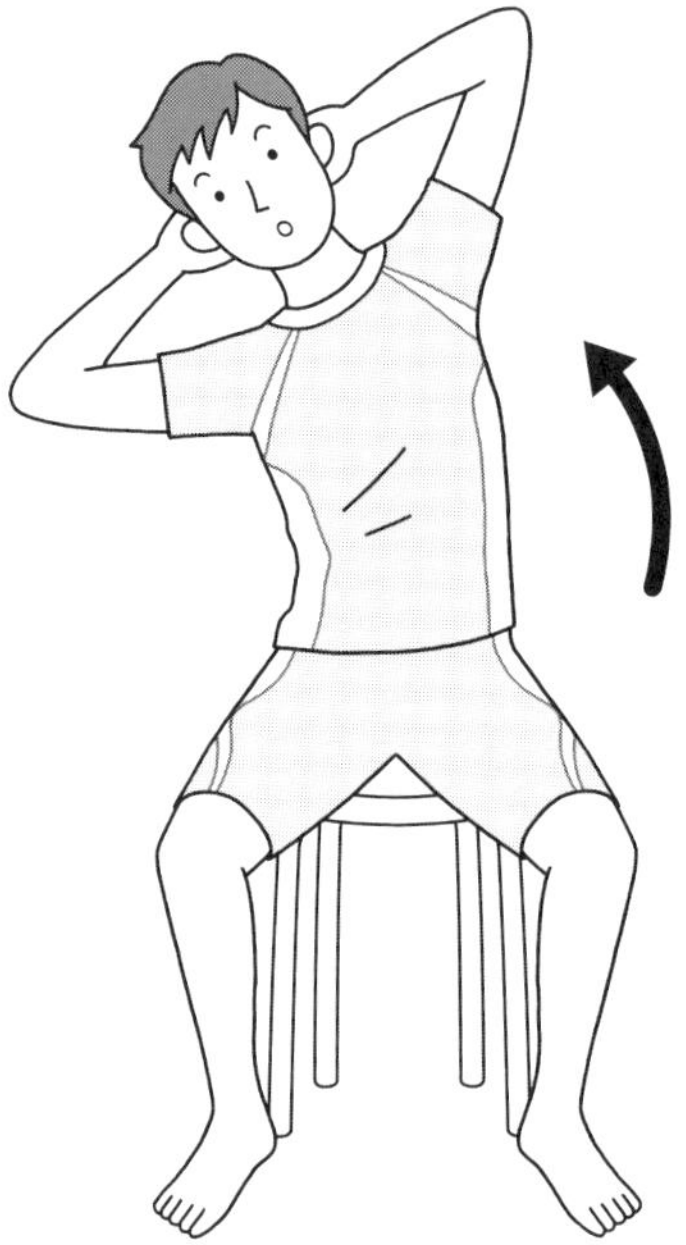

息を吐きながら、左の脇腹を伸ばすことを意識して、体を右にゆっくり倒す。このとき背中が丸まらないように注意する。
息を吸って①の体勢に戻り、息を吐きながら反対側も同様に行う。
左右交互に３～５回ずつ行う。

ナニ効く？ドコ効く？

腕を頭の後ろで組んで体側を動かすことで、腕の付け根につながっている広背筋と、体の前側のインナーマッスルである大腰筋を同時に鍛えられます。

肋骨周辺の筋肉がほぐれ、呼吸が入りやすくなるので、結果的にリラックスでき、首こり・肩こりが緩和されます。

上半身の筋トレ

03

水平横揺れ体操

大腰筋の筋トレ

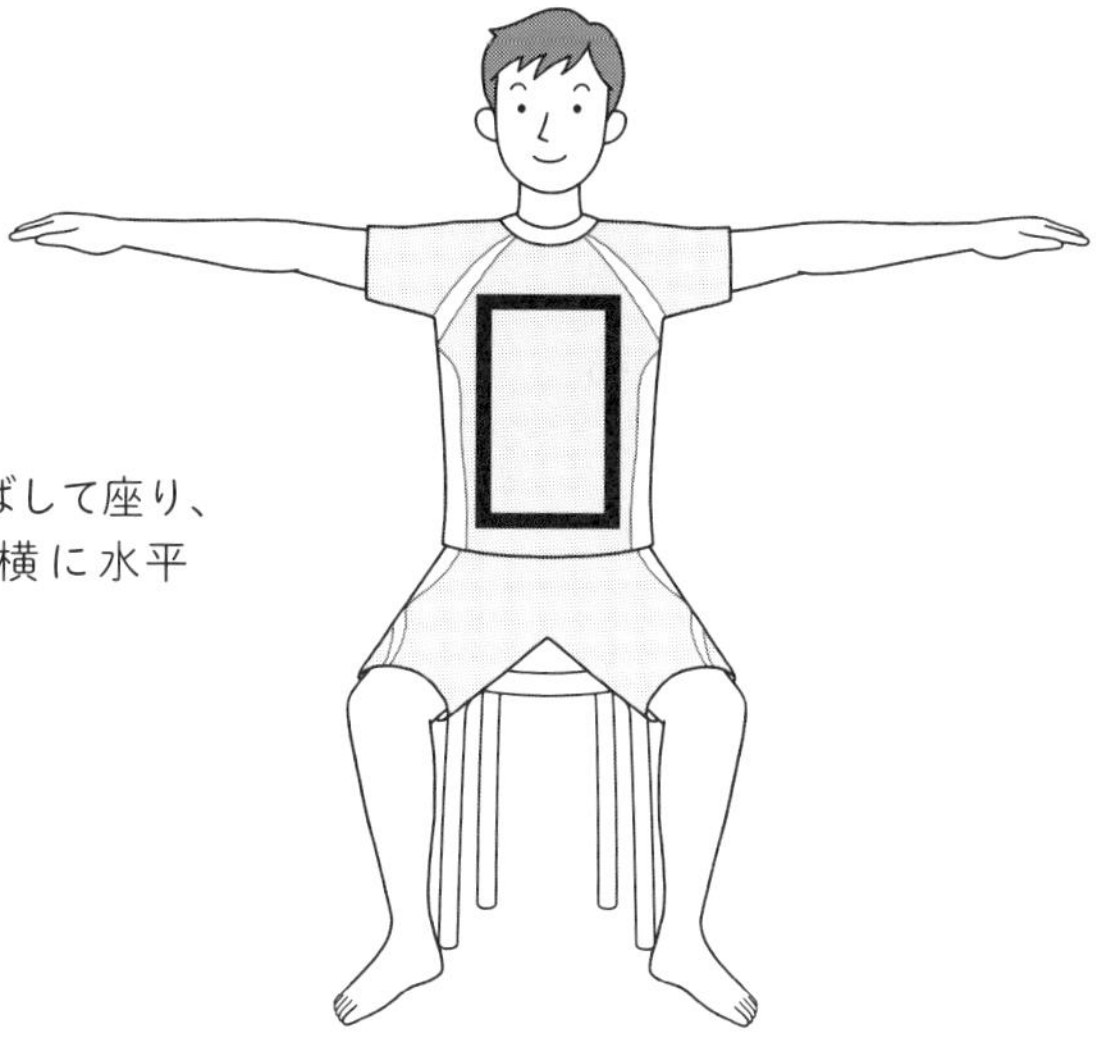

①

背筋を伸ばして座り、両腕を真横に水平に広げる。

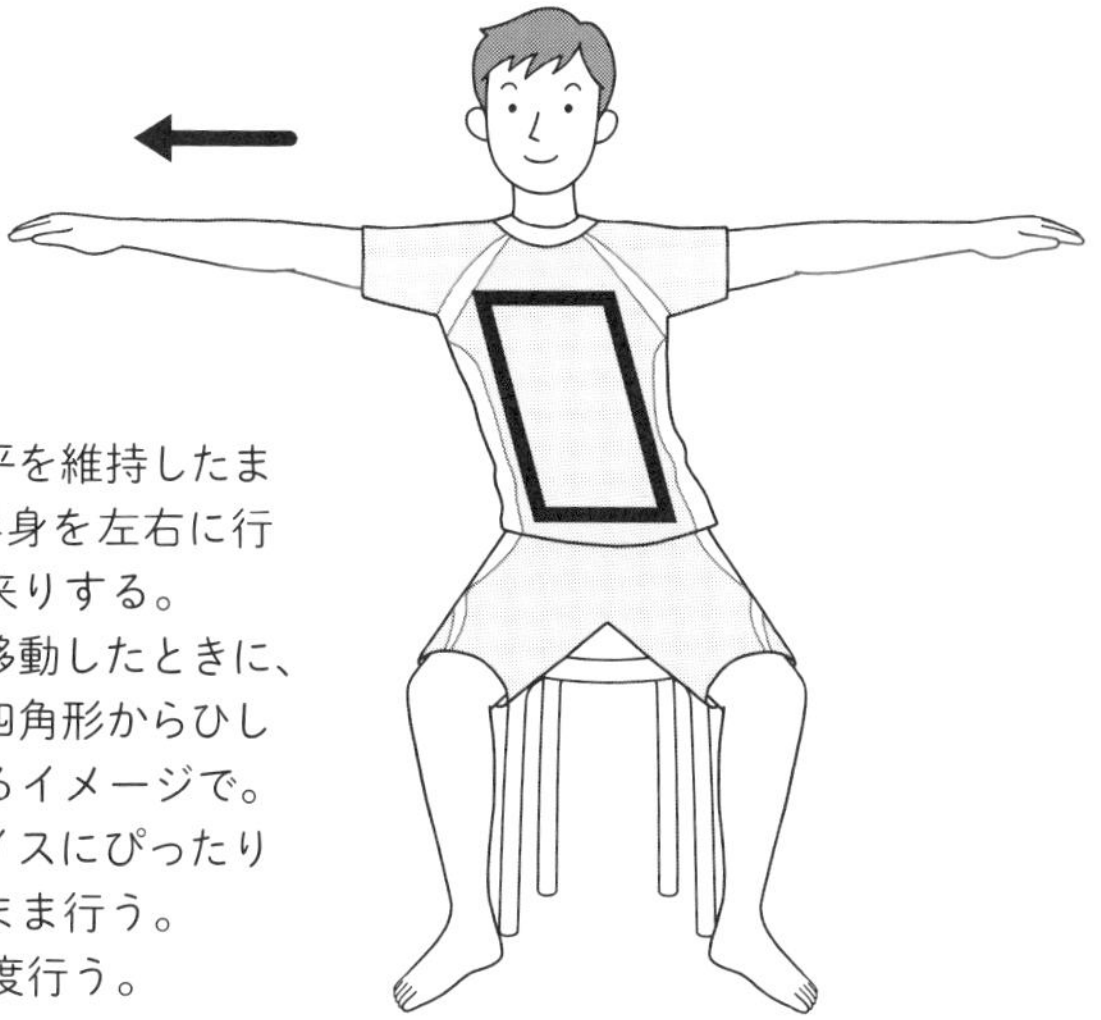

②

肩の水平を維持したまま、上半身を左右に行ったり来りする。

左右に移動したときに、胴体が四角形からひし形になるイメージで。

お尻はイスにぴったりつけたまま行う。

10回程度行う。

ナニ効く？ドコ効く？

腕を真横に伸ばして体を左右に動かすとき、お尻がイスから浮かないように注意して行いましょう。

やってみるとわかりますが、体芯力をかなり必要とする動きなので、大腰筋がしっかり鍛えられます。

両肩の高さが整い、バランス感覚も養われます。

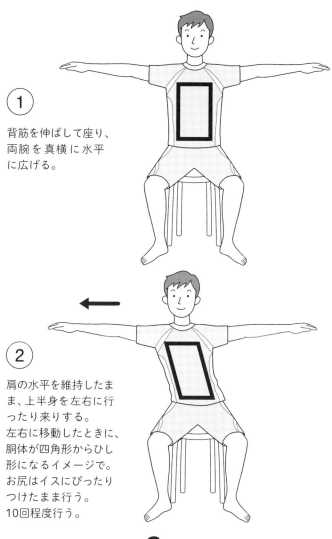

上半身の筋トレ

04

背骨曲げ伸ばし体操

背中・大腰筋の筋トレ

①

肩の高さで手を前につく。

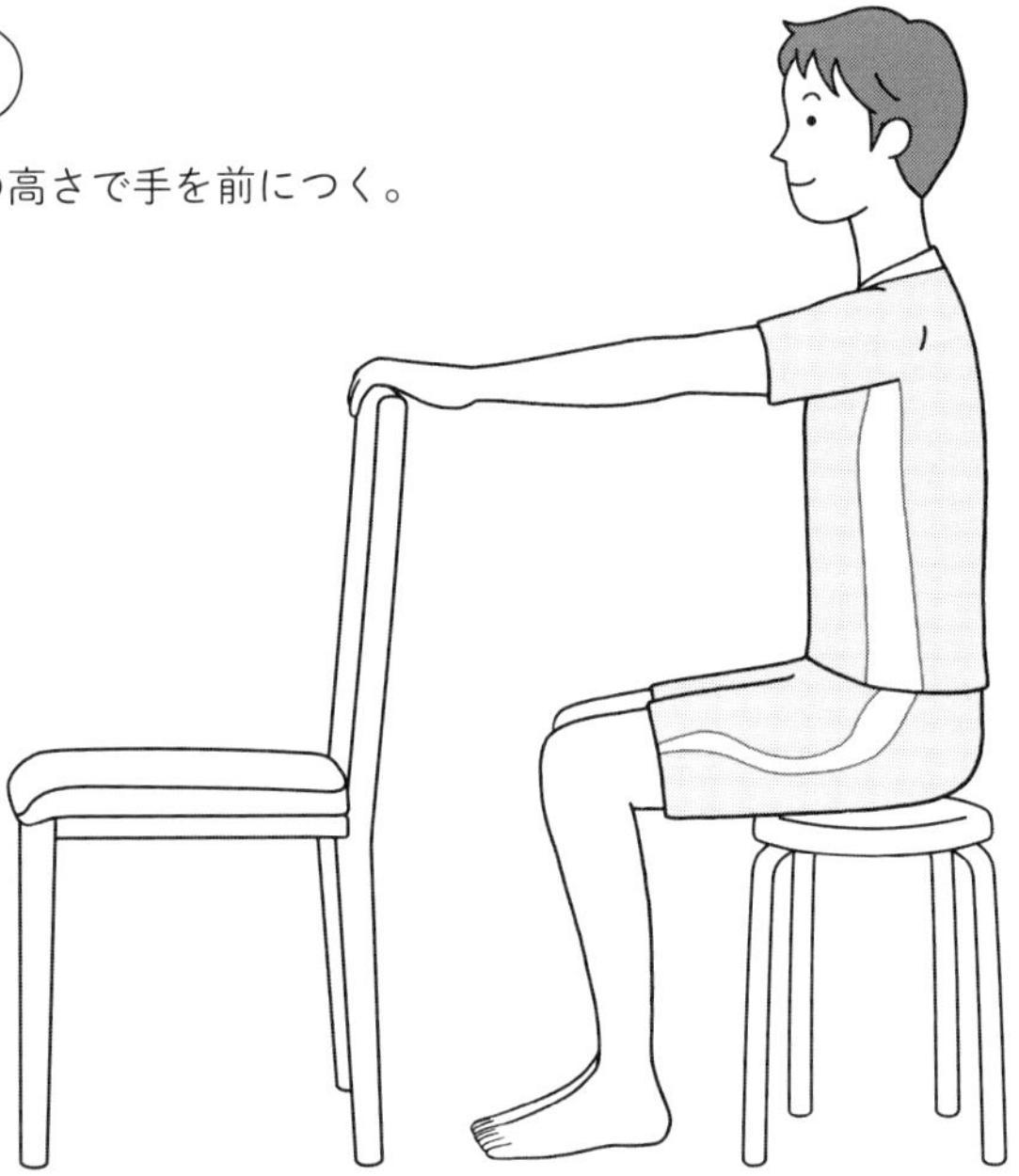

②

息を吸いながら、骨盤から
背中を丸めていく。

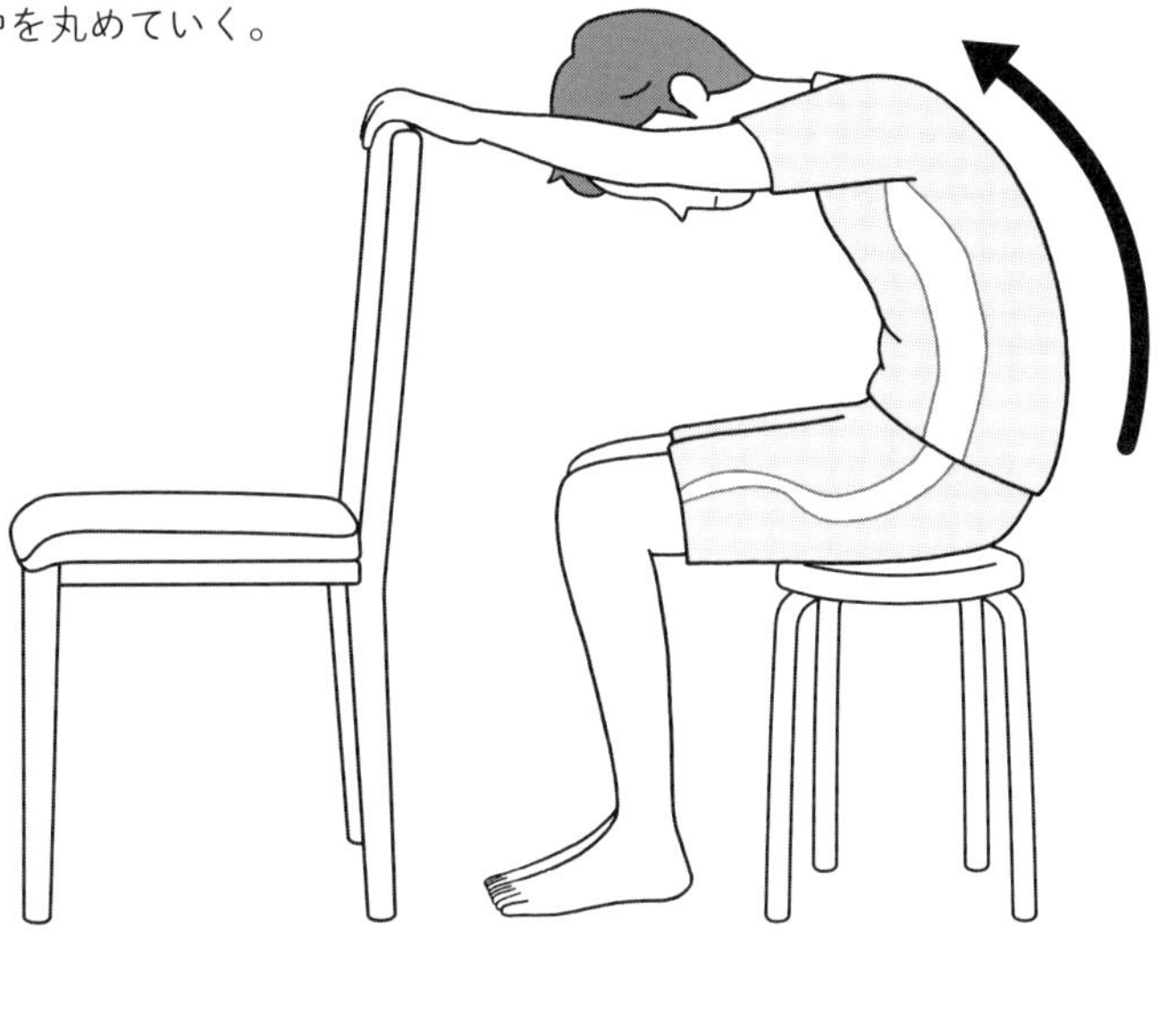

③

息を吐きながら、骨盤から背中
を反らして胸を張る。

②と③を５～10回繰り返す。

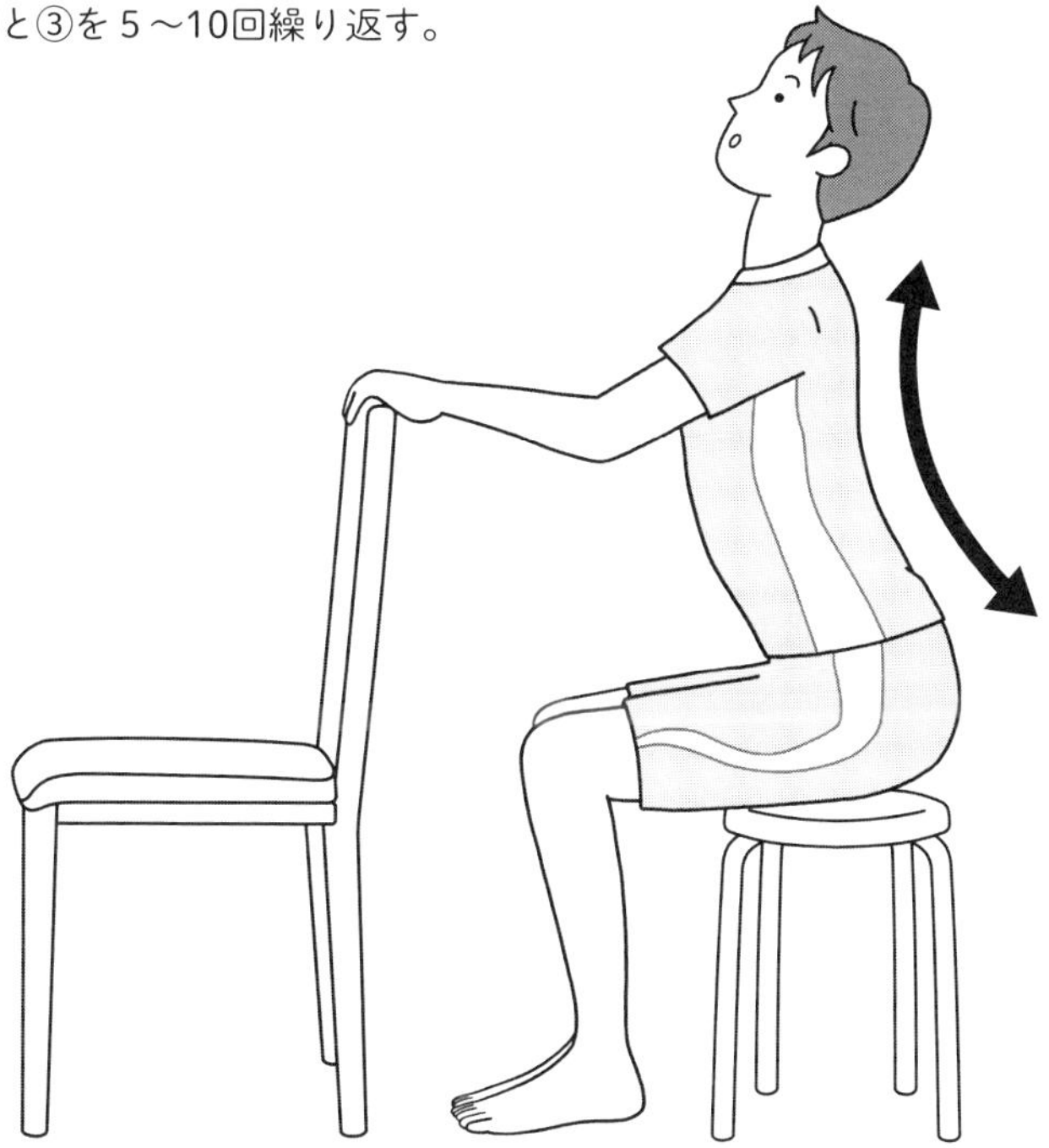

ナニ効く？ドコ効く？

背骨を前後に動かし、背中全体の筋肉にはたらきかけます。

日常生活で背骨を前後に動かす機会は少ないので、この体操で意識的に動かしましょう。

背骨の中には一番下の仙骨から脳まで髄液が流れているため、背骨を前後に動かすことで髄液の流れと脳の血流がよくなります。結果的に、脳はもちろん、全身の機能が活性化されます。

下半身の筋トレ

05

両足ひねり体操

内もも・腰まわりの筋トレ

①

足を大きく広げて、つま先を上げて足の裏を外に向ける。

手はイスにおく。

左肩を前に出すように体を右にひねりながら、両足を股関節から右にひねり、左のつま先を床につける。

左のひざとつま先が内側にむく。

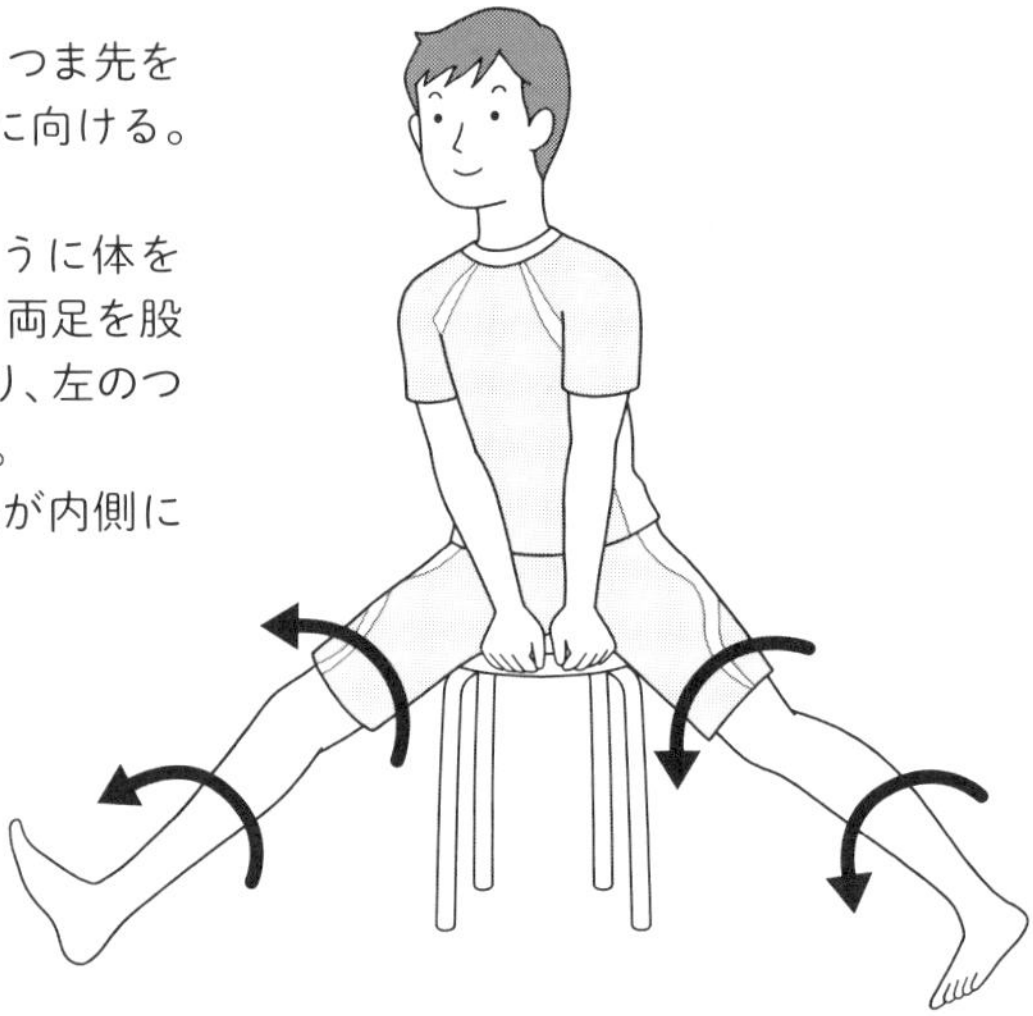

②

右肩を前に出すように体を左にひねりながら、両足を股関節から左にひねり、右のつま先を床につける。

①と②を10回繰り返す。

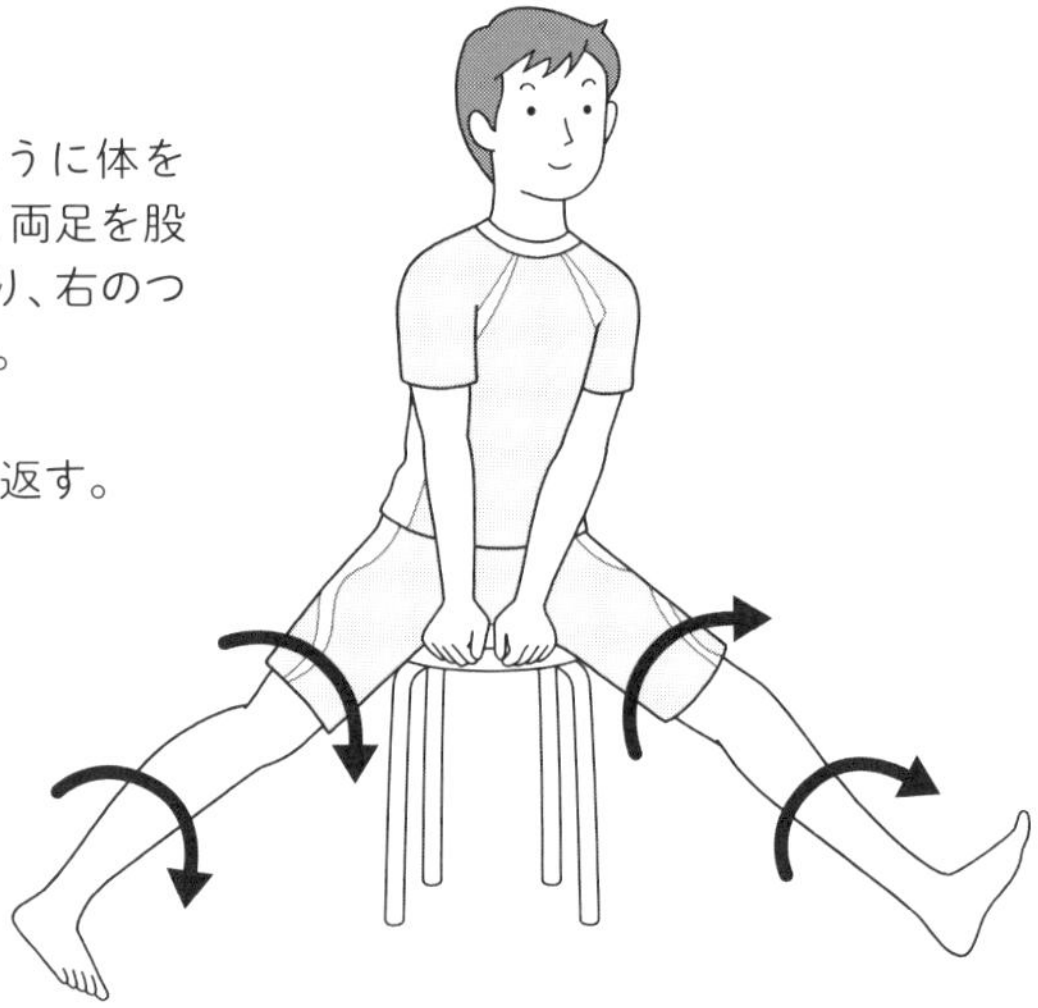

ナニ効く？ドコ効く？

内ももの筋肉を鍛え、股関節の可動域を広げる体操です。

下半身の動きをよくし、柔軟性をアップします。同時に肩も動かしているので、下半身と肩を中心に、全身の筋肉に効果があります。

体芯力はもちろん、上半身と下半身の連動性も向上します。

全身の筋トレ

06

合掌ひねり体操

背中・大腰筋の筋トレ

① 体の前で合掌する。

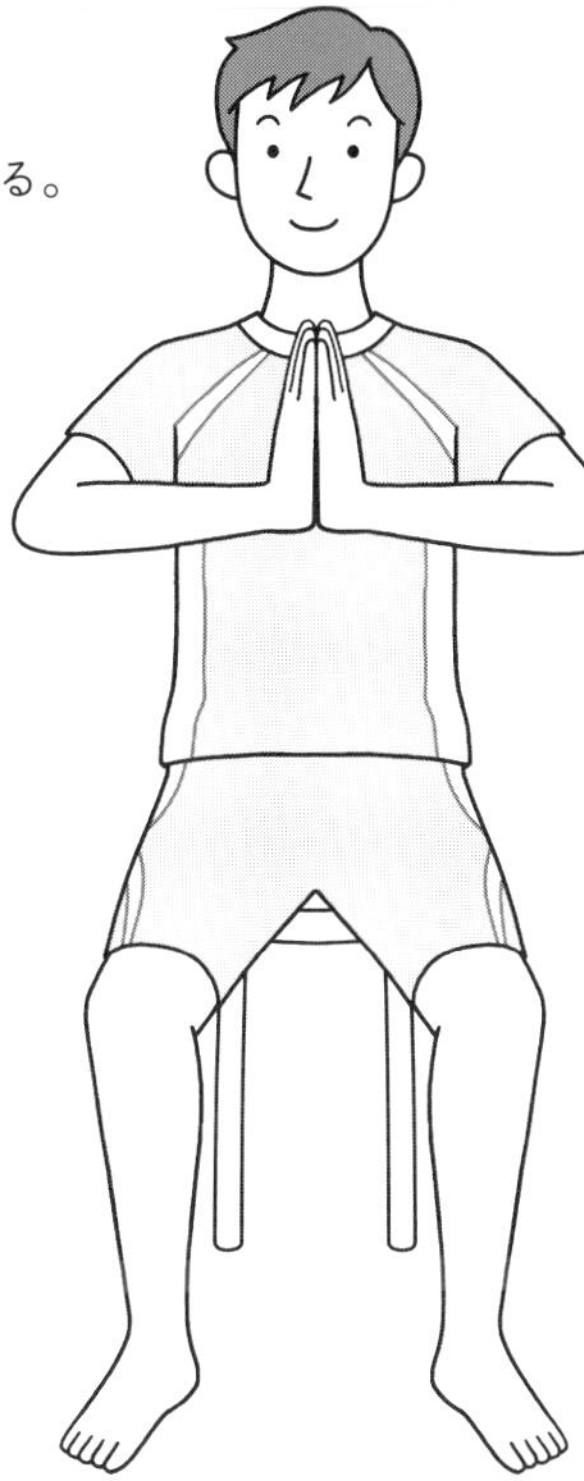

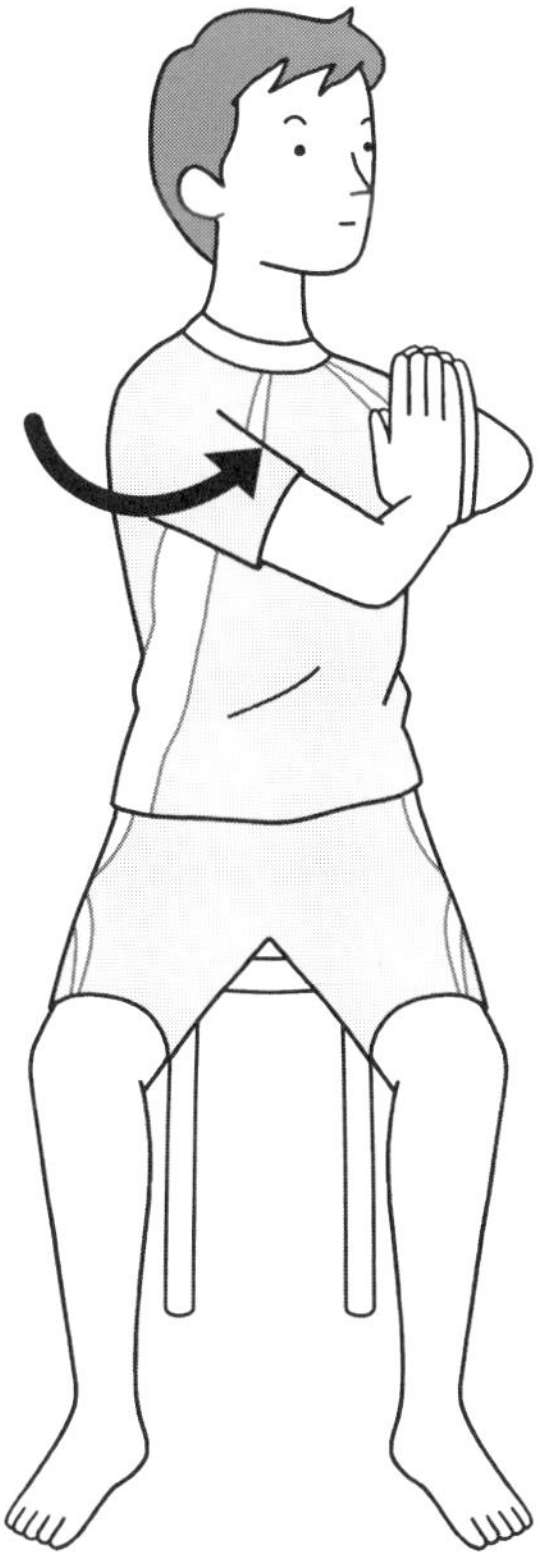

② 上半身を左にひねる。
お尻が浮いたり動いたりしないように注意する。

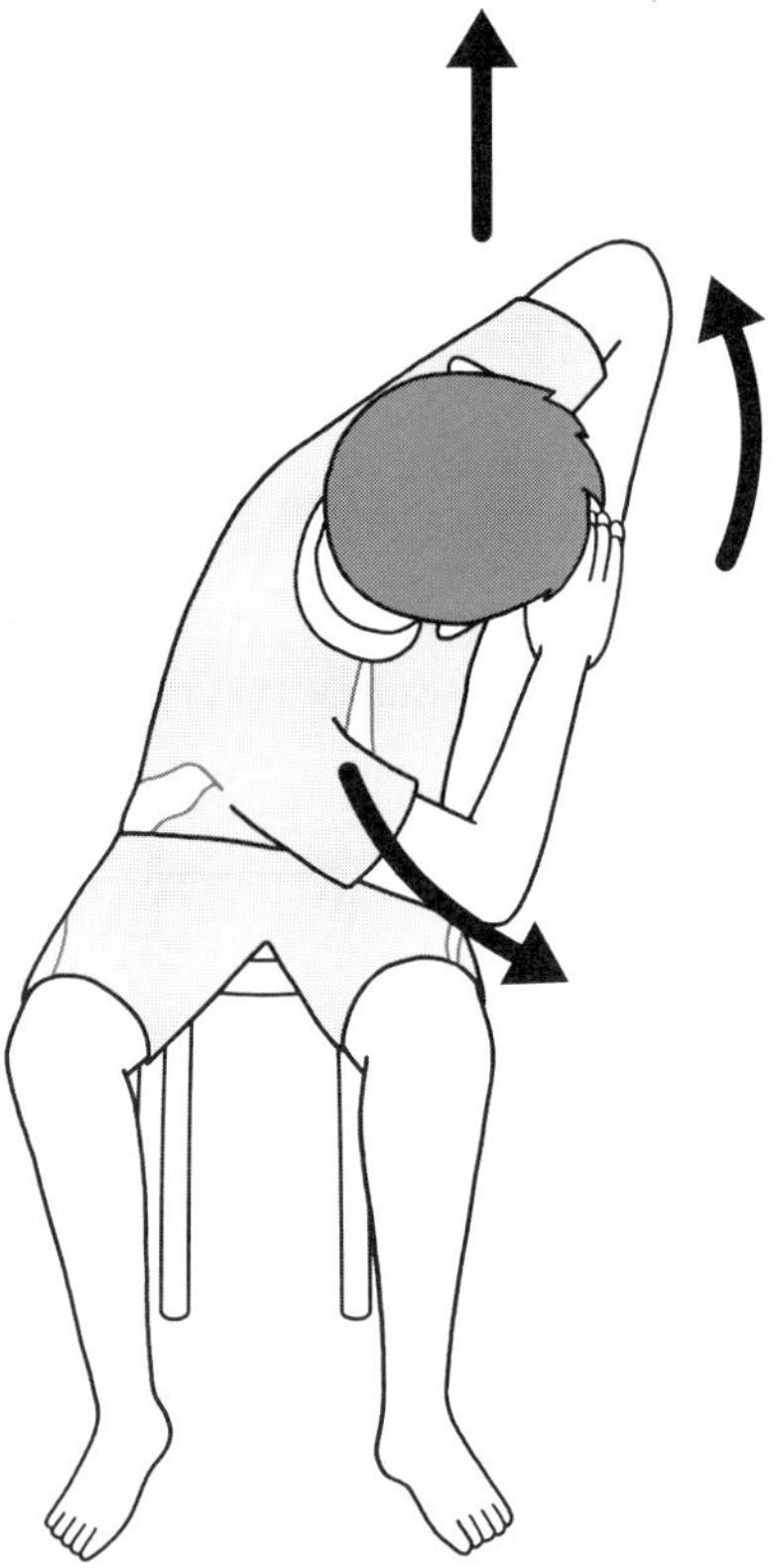

③

体の中心で合掌しながら前傾し、さらに体をひねって、左ひざの外側と右ひじの外側を合わせる。右肩と左腰を近づけるイメージで。

できる人は視線を天井に向ける。

息を鼻から５秒吸って、口から５秒で吐く呼吸を３回繰り返し、元の姿勢に戻る。

同様に反対側も行う。

ナニ効く？ドコ効く？

体をひねった状態で呼吸し、背中の筋肉と大腰筋にはたらきかけます。

この体勢で呼吸をすると、負荷がかかっているぶん呼吸に使う体芯の筋肉が鍛えられ、呼吸が深くなります。

呼吸による筋肉の動きで内臓がマッサージされ、内臓のはたらきもよくなります。

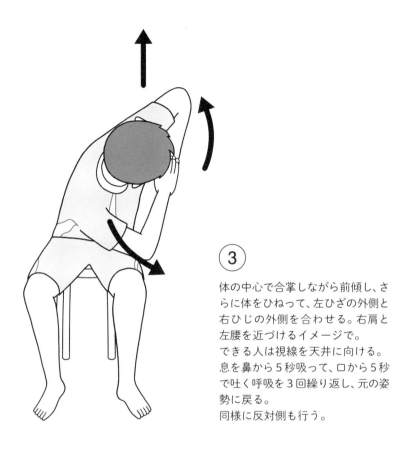

Part 5

気になる部位を重点的に行う「体芯力」体操

＼鈴木亮司のレッスン動画／

各体操ページのURLにアクセスするか、QRコードを読み取ってください。

気になる部位

01

親指こすり上げ体操

二の腕のたるみ

①

壁に背をつけてイスに座り、両手の親指を肩の高さで壁につける。

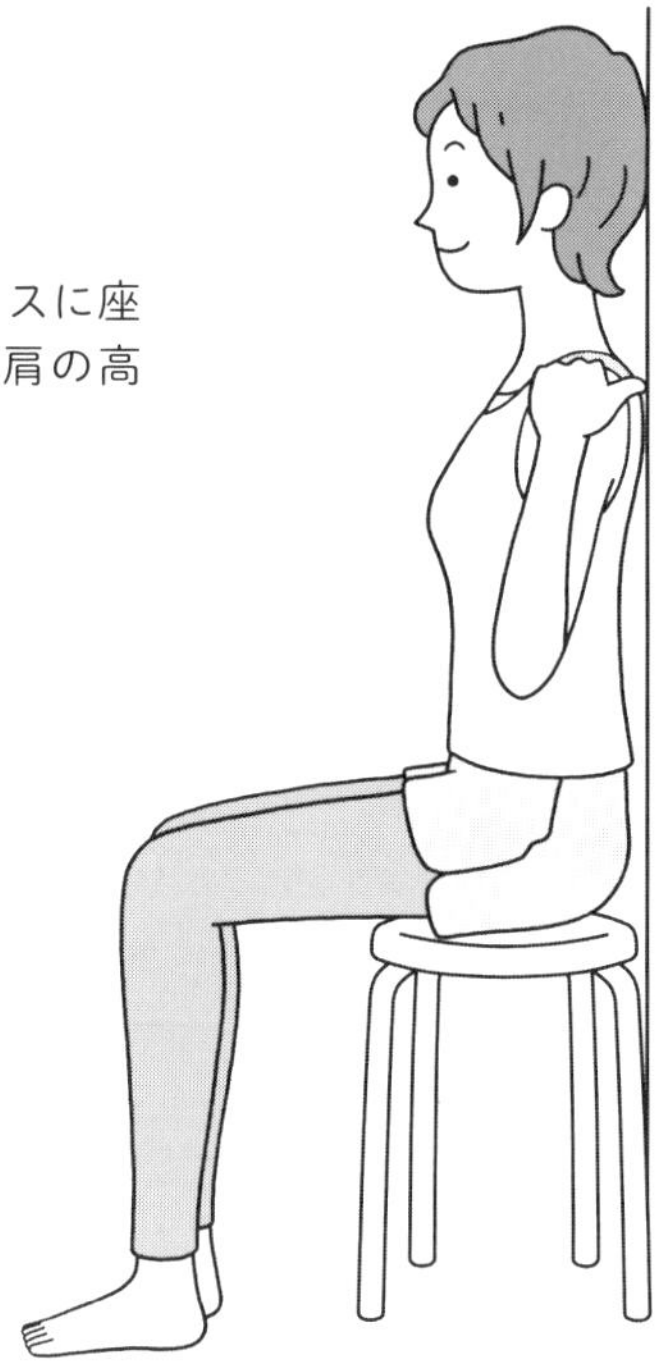

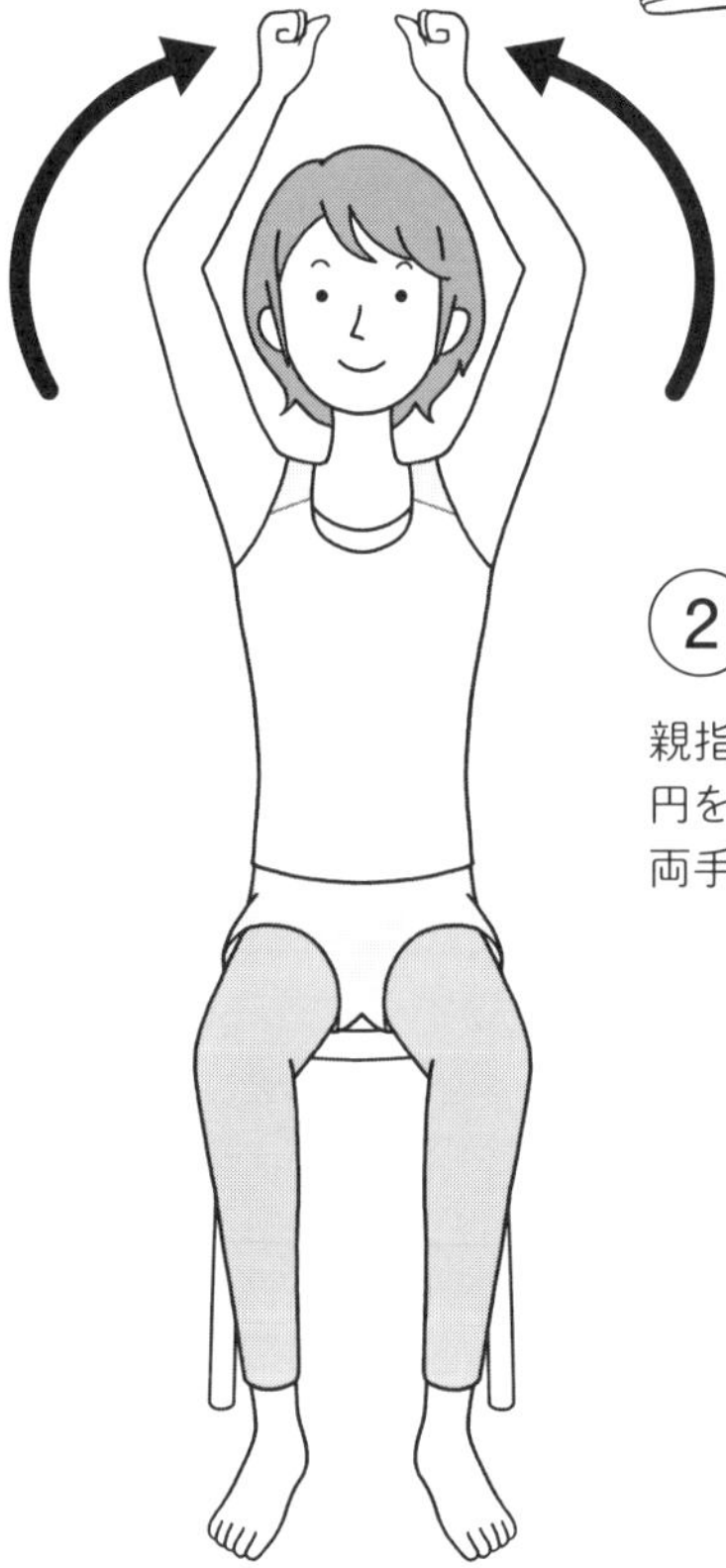

②

親指で壁をこすりながら、円を描くように頭の上まで両手を上げる。

動画をチェック!

動画 URL
https://youtu.be/pZx96aJ5HvI

③

親指で壁をこすりながら、円を描く
ように両手を元の位置に下げる。
②と③を10回繰り返す。

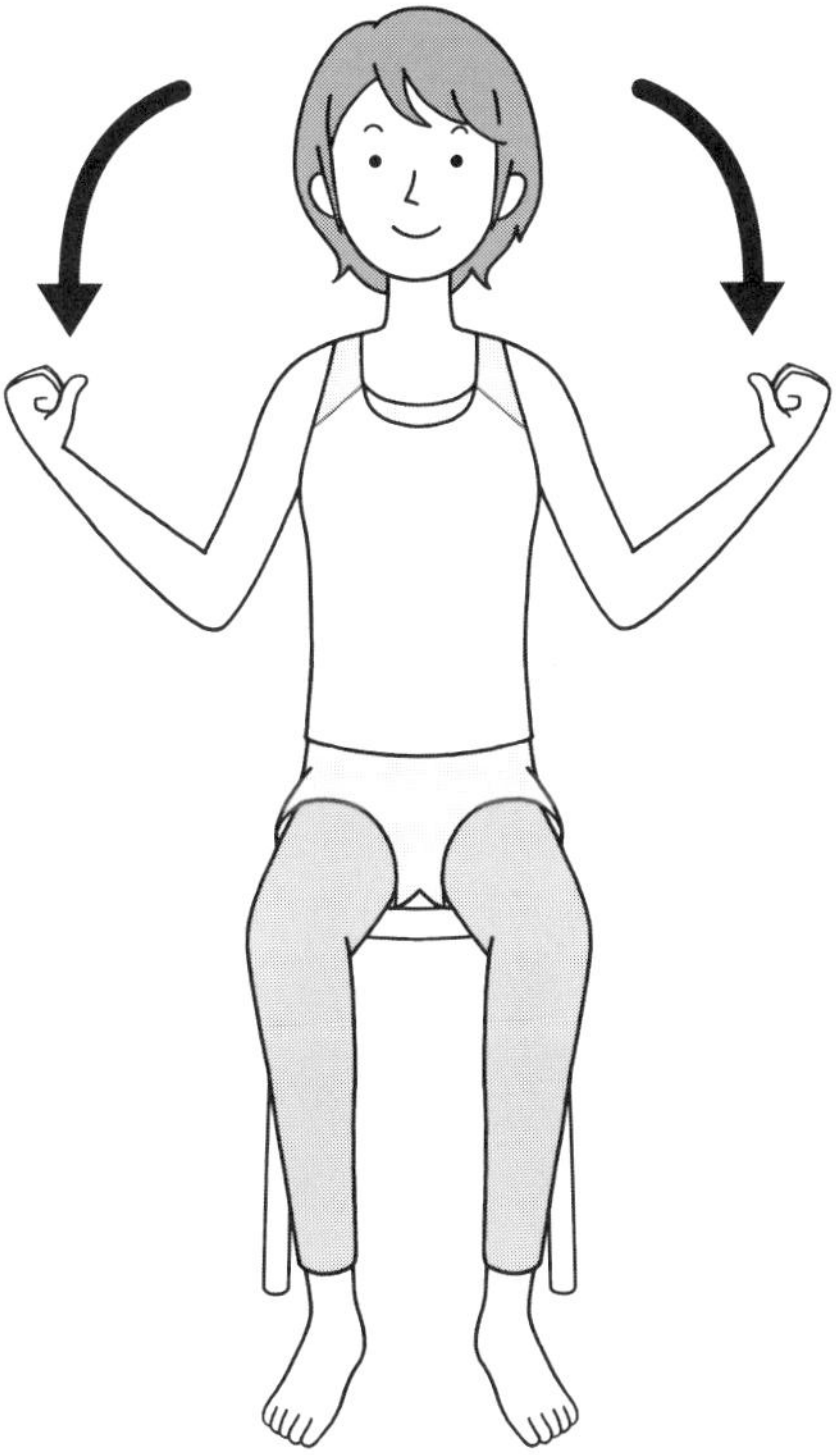

ナニ効く？ドコ効く？

二の腕を自分のほうに曲げる一般的な筋トレでは、腕の上側の筋肉しか鍛えられません。

腕の下側に脂肪がつきやすいのは、背中が丸まることで、肩甲骨まわりとそこにつながっている腕の血流が悪くなるから。血流が悪いと冷えるため、体を守るために自然と脂肪がつきやすくなるのです。

まずはこの体操で肩甲骨をしっかり動かしましょう。

気になる部位

02

ぽっこりお腹

ひざ曲げ伸ばし V字腹筋体操

①

両手を後ろについて座り、
両ひざを曲げて上げる。

②

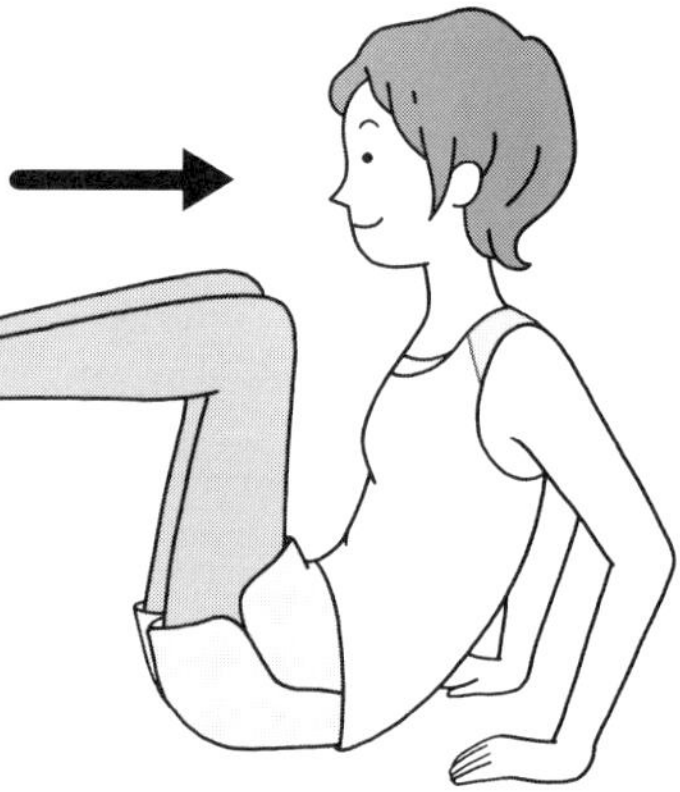

この状態で、前ももを胸に
近づけたり離したりする。
近づけるときに息を吐き、
離すときに息を吸う。
10回行う。

動画をチェック!

動画 URL
https://youtu.be/xr_kGKeCduI

ナニ効く？ドコ効く？

背中を床から上げ、骨盤から足を動かすことで大腰筋を使い、インナーマッスルを鍛えてお腹を引き締めていく体操です。
ひざを曲げることで、足を伸ばした状態よりも少ない力で行えます。
こちらの体操ができるようになってきたら、次の体操に進みましょう。

できる人は

V字腹筋体操

①

両手を後ろについて、両ひざを伸ばして座り、足を少し浮かせる。

②

ひざを伸ばしたまま足を上げて体をＶ字にする。
Ｖ字にするときに息を吐き、足を下ろすときに息を吸う。
①と②を５回繰り返す。

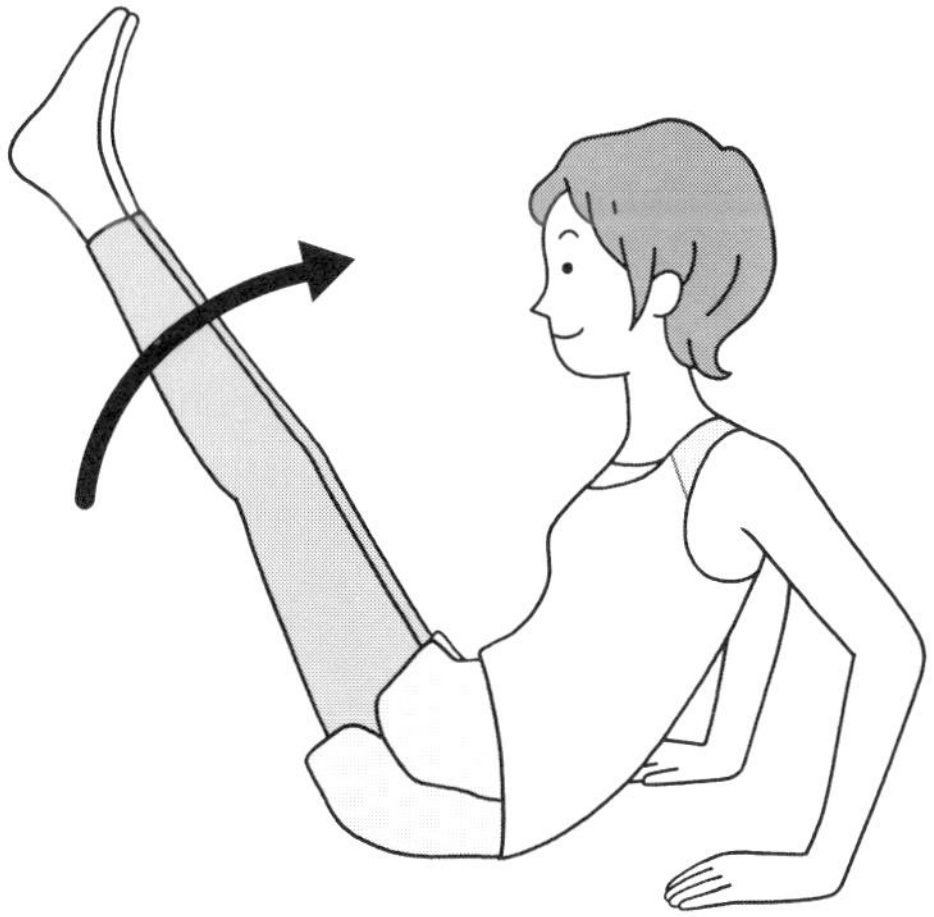

ナニ効く？ドコ効く？

仰向けに寝て足を上げ下げすると、太ももの筋肉で足を動かしてしまうため、大腰筋とお腹まわりの筋肉への効果が半減します。

この体操のように背中を上げて足を上げ下げすれば、自然と骨盤が動き、大腰筋と股関節が鍛えられるので、お腹のシェイプアップ効果が期待できます。

気になる部位

03

後ろ足交差体操

お尻のたるみ

肩幅に足を開いて立った状態から、右足を左斜め後ろにぐっと出して、元に戻る。後ろに引いた足の側の腕を前に振り出してバランスを取る。

反対側も同様に行う。

左右交互に5回ずつ行う。

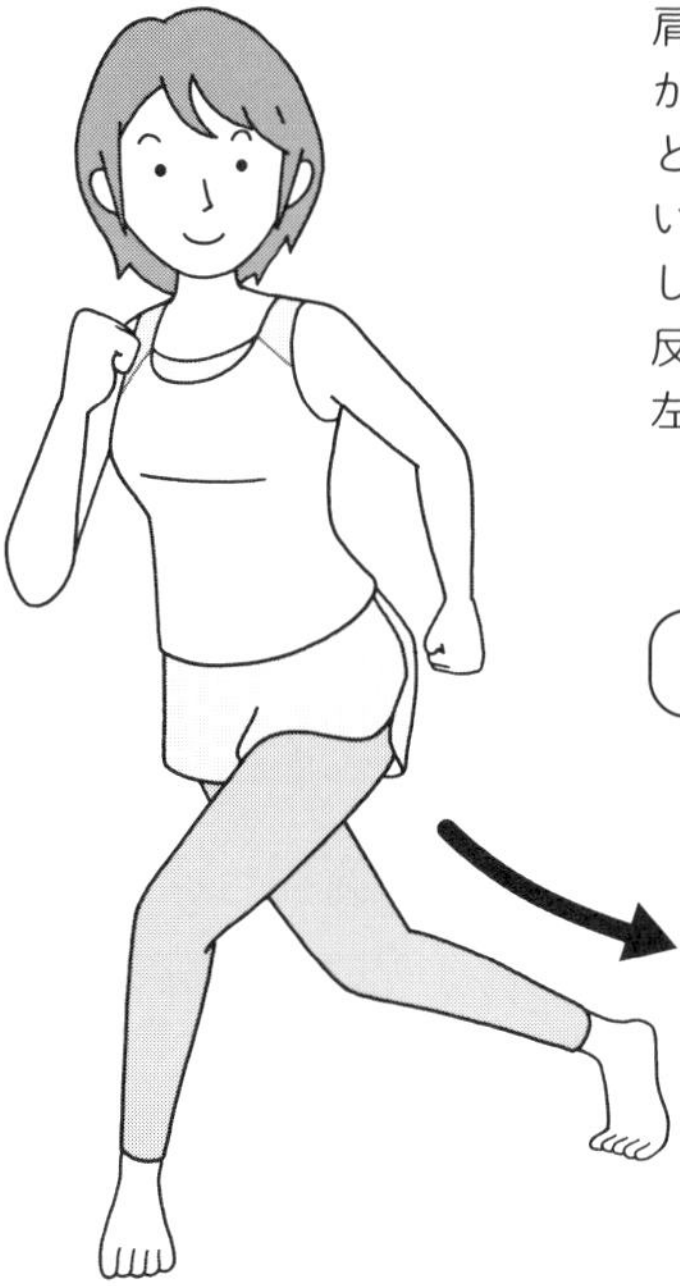

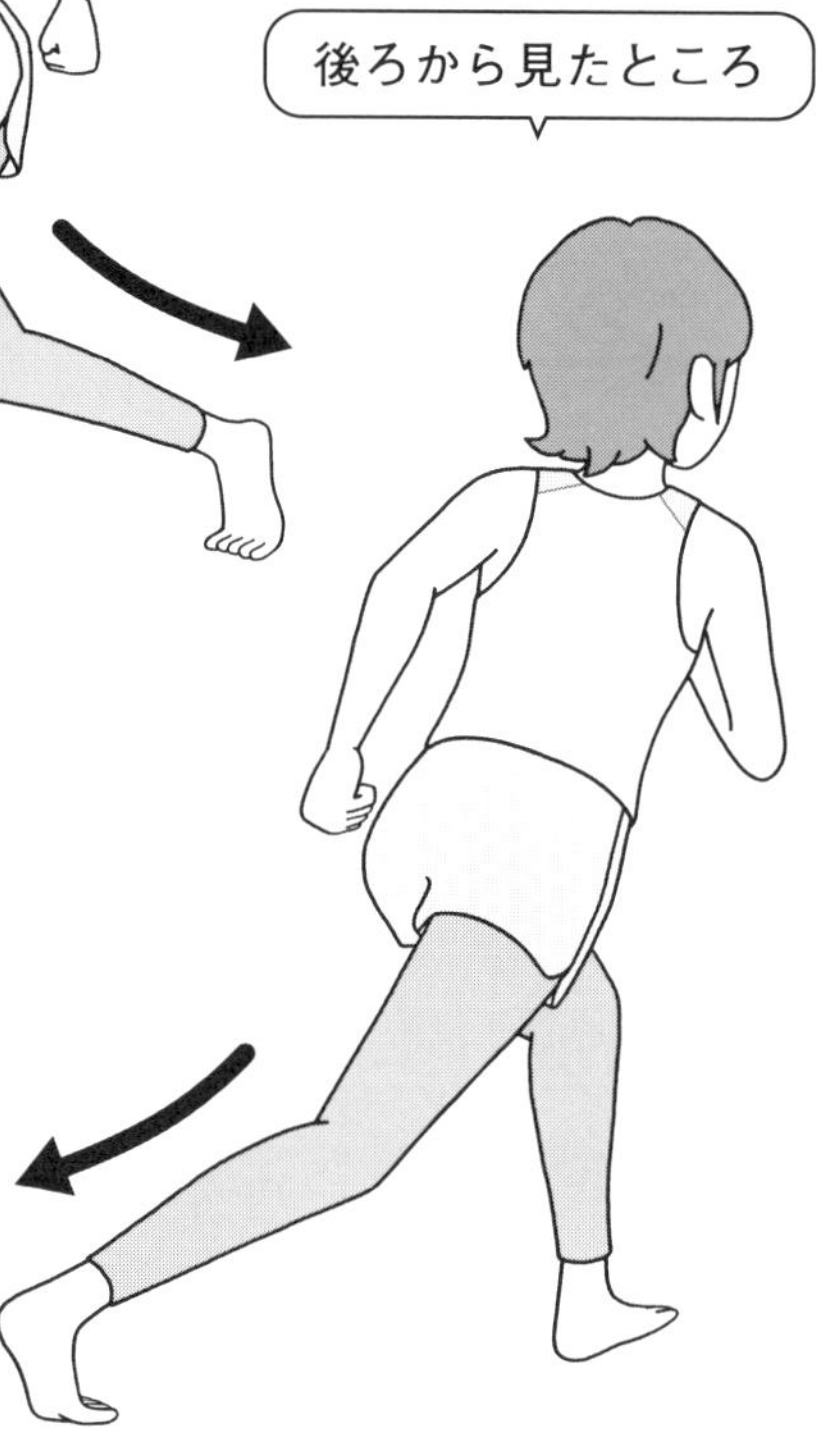

ナニ効く？ドコ効く？

一般的なヒップアップ体操は、太ももの筋肉を使うだけで、お尻の筋肉には効きません。

お尻を引き締めたいなら、片足を後ろで交差する動きで、前側の足のお尻の筋肉にはたらきかけましょう。

股関節が屈曲し、そこにつながっているお尻の筋肉がぐっと伸びます。


動画をチェック！

動画 URL
https://youtu.be/B6U_KaIXyCI

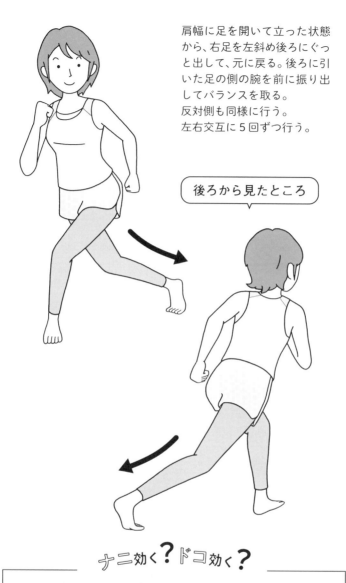

気になる部位

04

背中の丸み

らくらく腕立て体操

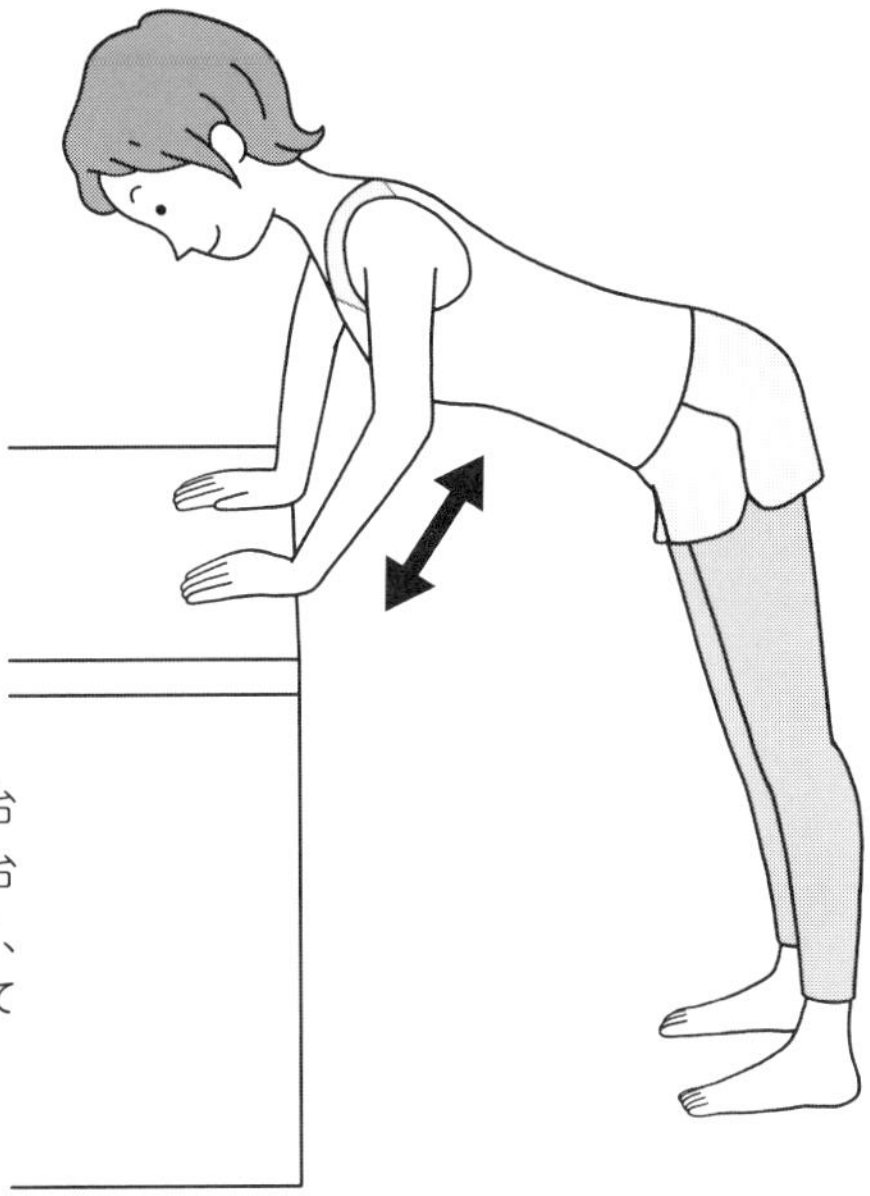

キッチンの調理台くらいの高さの台に両手をついて、腰を曲げて腕立て伏せをする。

正面から見たところ

両手は肩幅より手のひら2つ分くらい横に広くおく。腕を曲げるときは小指側に体重をかけてひじを横に開き、腕を伸ばすときは両手のひらの母子球で押すようにする。

動画をチェック！

動画 URL
https://youtu.be/OyLnJH7byq4

ナニ効く？ドコ効く？

胸の筋肉を鍛え、胸を広げることで、姿勢がよくなります。
一般的な腕立ては、正しくやれば胸の筋肉が鍛えられますが、筋力がない人にはできない動きです。無理せず、立った状態で、負荷を弱くして取り組みましょう。高さは筋力に応じて調節してください。

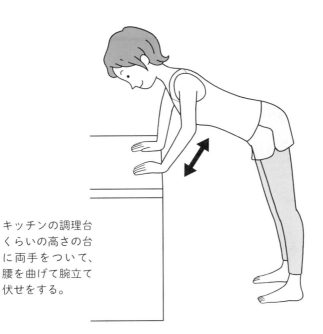

本文デザイン／青木佐和子
イラスト／瀬川尚志
編集協力／上原章江